GUERRE DÉCLARÉE

AU PÉROU ET A LA BOLIVIE

PAR LE CHILI

—

CAUSES — DOCUMENTS — COMMENTAIRES

PAR

GAVINO PACHECO ZEGARRA

Avocat péruvien
Ex-Secrétaire de 1re classe de la Légation du Pérou en France.

NANCY

IMPRIMERIE G. CRÉPIN-LEBLOND, GRAND'RUE, 14

—

1879

GUERRE DÉCLARÉE

AU PÉROU ET A LA BOLIVIE

PAR LE CHILI

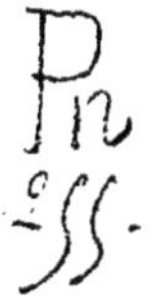

GUERRE DÉCLARÉE

AU PÉROU ET A LA BOLIVIE PAR LE CHILI

—

CAUSES — DOCUMENTS — COMMENTAIRES

PAR

GAVINO PACHECO ZEGARRA

Avocat péruvien

Ex-Secrétaire de 1re classe de la Légation du Pérou en France.

NANCY

IMPRIMERIE G. CRÉPIN-LEBLOND, GRAND'RUE, 14

—

1879

GUERRE DÉCLARÉE

AU PÉROU ET A LA BOLIVIE

PAR LE CHILI

———

L'honneur et l'intérêt dans les limites de la justice absolue, tel est le grand principe sur lequel se basent les relations réciproques des Républiques américaines. Ce principe a été, est, et doit être l'unique fondement et l'essence de ce que nous pouvons appeler *l'équilibre américain*, lequel diffère certainement de l'équilibre européen, dans lequel les transactions des États obéissent à des mobiles hétérogènes et à des intérêts opposés, et s'appuient sur des considérations d'un autre ordre.

Les nations américaines, unies depuis les temps les plus reculés par des liens étroits, qui se sont encore resserrés depuis, à la suite de la conquête espagnole, au point qu'elles ne formèrent plus que de grandes divisions d'une seule nationalité, ayant une langue commune, des mœurs homogènes et un même système de gouvernement ; les nations de l'Amérique méridionale spécialement, qui, dans la transformation qu'elles ont subie

1

au commencement de ce siècle pour s'ériger en États indépendants, ont proclamé des principes identiques ; qui ont pris une part égale à la gloire des victoires, comme aux fatigues et aux sacrifices de la grande lutte, et qui, enfin, sont appelées aux mêmes destinées dans l'avenir, ne peuvent chercher l'honneur et l'intérêt de leurs relations mutuelles sur un autre terrain que celui de la justice absolue. Elles ont pu faillir peut-être contre ce principe, mais jamais elles n'ont prétendu se soustraire à son autorité : la forme même de leur gouvernement, la République, est incompatible avec aucun autre.

Voilà ce qu'il ne faut pas perdre de vue en lisant les pages suivantes, dont l'objet est de donner brièvement, avec plusieurs documents officiels à l'appui, une idée des causes principales de la guerre que le Pérou et la Bolivie ont à soutenir contre le Chili.

I

Antécédents.

Cette guerre n'est pas un évènement dont il faille chercher l'origine uniquement dans un désaccord momentané entre les nations belligérantes, à la suite de motifs de plaintes plus ou moins graves. La question de limites qui, plus d'une fois, a menacé de compromettre la paix entre les Républiques de l'Amérique méridionale, a depuis longtemps préoccupé le Gouvernement et la presse du Chili. Dans plus d'une occasion, quand il était question du territoire aujourd'hui occupé par la force des armes, la presse chilienne n'a pu dissimuler son désir de voir la nation en possession de ces régions dont les richesses minérales s'augmentent de jour en jour. Les vues du Gouvernement chilien se sont produites plus clairement dès 1870, par les préparatifs belliqueux dont il commença alors à s'occuper et surtout par la construction, en Angleterre, de deux vaisseaux blindés qui furent achevés en 1874 et 1875.

En 1872, la coïncidence de l'arrivée de la petite escadre que le Chili possédait alors, dans les ports boliviens de Mejillones et de Tocopilla, avec le débarquement sur le même littoral, du général bolivien Quintin Quevedo et de son armée, confirma l'opinion généralement répandue, que le Chili voulait proposer une alliance à la Bolivie et déclarer la guerre au Pérou. La condition de cette alliance aurait été la cession par la Bolivie au Chili des territoires que cette dernière puissance convoitait dès lors et dont elle vient de s'emparer, et en échange, la prise de possession par la Bolivie, des territoires de Tacna et de Tarapaca, appartenant au Pérou, mais dont la Bolivie avait besoin pour se procurer un débouché commode sur le Pacifique.

Les faveurs et les franchises commerciales dont jouissait la Bolivie, grâce à la libéralité du Pérou, et sans doute aussi la crainte de provoquer une guerre désastreuse, firent que le général bolivien déclina les offres du Chili : d'ailleurs, les navires blindés commandés par le Gouvernement chilien n'étaient pas encore arrivés, et le Pérou put facilement conjurer la tempête. Il existe des documents officiels dans lesquels le Gouvernement péruvien manifeste à ses représentants dans la Bolivie et au Chili, les craintes fondées qu'il avait conçues, et où il leur donne les instructions que réclamaient les circonstances ; et c'est à partir de ce moment que les relations du Pérou avec la Bolivie commencèrent à devenir plus étroites.

Vers la même époque, à la Chambre des députés de Santiago, à la séance du 28 septembre (voir le journal chilien *El Ferro-Carril* du 2 octobre 1872), M. Ibañez, alors ministre des Affaires étrangères, fut interpellé par le député Cruchaga au sujet de plusieurs questions relatives à Antofagasta. Voici les quatre points de cette interpellation :

1° Les Chiliens établis à Antofagasta peuvent-ils compter que ce port *continuera à être ouvert* et à jouir des mêmes franchises commerciales dont il a joui jusqu'à ce jour ? — 2° Si par *l'effet d'évènements quelconques,* il arrivait que le *Chili rentrât en possession du territoire* laissé à la Bolivie par le traité de limites, le Gouvernement est-il ou non disposé à respecter les contrats que la Bolivie a faits en imposant des charges à ce territoire, ou en restreignant les droits qui font partie de sa souveraineté ? — 3° Si au contraire, la Bolivie continue à se maintenir en possession de ce territoire, le Gouvernement du Chili est-il ou non *disposé à consentir* à ce que le chemin de fer projeté pour le compte du Gouvernement de la Bolivie entre Méjillones et Caracolès appartienne exclusivement à cette nation, et que les tarifs, soit pour les marchandises, soit pour les voyageurs, restent soumis au seul bon plaisir du Gouvernement bolivien ? — 4° En ce qui concerne l'incident de l'expédition de Quevedo, qui a imposé une contribution forcée aux habitants d'Antofagasta, quelles sont les mesures que le Gouvernement du Chili a prises ou qu'il compte prendre pour mettre ses nationaux à couvert de semblables extorsions ?

Le ministre Ibañez ne donna à ces questions qu'une réponse évasive.

On ne peut s'empêcher d'être étonné, en voyant la manière dont se discutaient publiquement, dans le sanctuaire des lois, et par des magistrats devant faire profession de respecter les droits d'autrui, les passages que nous avons soulignés ci-dessus. On aurait dit que ces magistrats considéraient comme une chose toute simple et toute naturelle de prononcer sur les actes qu'une nation amie faisait dans l'exercice de son autonomie. Malgré cela, personne ne croyait en Bolivie à l'imminence d'un péril qui s'approchait d'un pas lent mais sûr, et quant au Pérou, le caractère de ses relations avec le Chili, la confiance qu'on avait dans la loyauté et surtout dans la sagesse du Gouvernement de ce pays, enfin les chaudes sympathies dont le général Prado, Président actuel du Pérou, faisait notoirement profession à l'égard du Chili ; tout cela concourait à écarter toute crainte d'un conflit immédiat. Si à l'arrivée des navires cuirassés au Chili, quelques esprits plus soupçonneux prédisaient que ces engins de guerre ne tarderaient pas à trouver leur emploi, la confiance générale étouffait leur voix.

Pour compléter ces antécédents de la question, il nous reste à donner quelques renseignements sur la nature de la dispute et sur le territoire qui en est l'objet.

Avant 1840, il ne serait venu à l'esprit de personne dans aucun des pays aujourd'hui belligérants, que le désert d'Atacama, alors considéré comme une barrière que l'on aurait voulu supprimer, s'il eût été possible, de la carte de l'Amérique, afin de raccourcir les distances en faveur de la civilisation des peuples voisins, arriverait à être un jour un germe de discorde entre ces peuples, et à engendrer entre eux des haines et des rancunes qui les sépareraient bien plus que ne le faisaient les grandes savanes sablonneuses dont il était formé.

Personne n'avait pensé jusqu'alors à contester à la

Bolivie la propriété de ces déserts, qui lui étaient attribués non-seulement par l'opinion généralement admise dans les pays qui aujourd'hui sont en lutte à leur sujet, ainsi que par l'enseignement des géographes, qui presque tous étendaient les limites australes de la Bolivie jusqu'au parallèle du 27ᵉ degré, mais encore pour beaucoup d'autres raisons que nous rapporterons en discutant le Manifeste par lequel le Ministre des Affaires Étrangères du Chili prétend justifier l'occupation d'Antofagasta.

A cette époque, on découvrit que le guano de Mejillones était un trésor pour l'agriculture, et l'on put prévoir que l'exportation en serait une source d'immenses richesses. Aussi, dès 1842, le Chili manifesta pour la première fois de sérieuses prétentions sur le territoire de Mejillones, ce qui donna lieu à des difficultés entre ce pays et la Bolivie, à la suite de quelques actes de juridiction exercés par le Chili, et qu'il était bien difficile à la Bolivie d'empêcher, l'autorité du Gouvernement de La Paz ne pouvant guère s'exercer avec efficacité dans des régions séparées de la capitale par de si grandes distances et surtout par la disposition topographique du pays, tandis que, par la raison contraire, les capitaux et les ouvriers du Chili devaient affluer sur les lieux de l'exploitation, dont l'accès par mer leur était si facile.

A mesure que les trésors que la terre renfermait dans son sein ouvraient à l'industrie de plus brillantes perspectives, les relations entre les deux pays devenaient moins cordiales, et un arrangement au sujet des limites devenait de plus en plus difficile. Toutefois après des difficultés et des discussions qui eurent lieu en plusieurs occasions, un traité de limites fut signé en 1866. Le Chili y reconnaissait catégoriquement que les limites de la

Bolivie s'étendaient jusqu'au 24ᵉ parallèle, c'est-à-dire qu'elles comprenaient toutes les terres aujourd'hui disputées, et il était convenu que, *nonobstant* les limites stipulées, les deux Républiques se partageraient par moitié les produits provenant de l'exploitation du guano de Mejillones et de tout autre qui serait découvert à l'avenir dans le territoire compris entre le 23ᵉ et le 25ᵉ degré, et qu'elles se partageraient également par moitié les droits d'exportation qui seraient perçus sur tous les minéraux extraits du territoire ci-indiqué.

Ce traité donnait inévitablement lieu à ce dilemne : Si le territoire qui, selon le Ministre chilien Fierro, a été cédé à la Bolivie par générosité et par amour de la paix, appartenait réellement au Chili, comment se fait-il que cette nation ait sacrifié l'intégrité de son territoire en échange d'une part dans les bénéfices? Si au contraire, et c'est bien réellement le cas, le territoire en question appartenait à la Bolivie, comment peut-on soutenir la justice d'une servitude qui constituait la Bolivie tributaire du Chili et par laquelle la Bolivie payait si cher la possession tranquille du sol qui était sa propriété? Quoi qu'il en soit, dans le traité il n'est question *d'aucune cession de territoire faite par le Chili à la Bolivie* en échange de telle ou telle condition; on désigne les limites sans commentaires, pour prévenir les doutes et les désaccords qui pourraient survenir plus tard.

Sans chercher à résoudre la question de savoir si le traité qui nous occupe était juste ou injuste, nous ferons observer seulement, et l'on comprendra sans peine, qu'il renfermait un germe de discordes, et que *la communauté de droits sur les produits d'un territoire qui était déclaré la propriété exclusive d'une seule des deux parties contractantes* ne donnait aucune garantie de paix pour l'avenir.

Cet état de choses dura moins encore que l'on aurait pu le supposer, et ce qui changea le cours des évènements, ce fut le don gratuit (car c'est ainsi qu'on l'a toujours considéré, les conditions imposées étant dérisoires) que le général Melgarejo, alors Président de la Bolivie, fit, par les décrets du 2 septembre 1868 et du 13 septembre 1870, à la Compagnie anonyme des Salpêtres et du Chemin de fer d'Antofagasta, des terrains à salpêtre que cette compagnie exploite depuis lors, et qui sont devenus un centre où ont afflué les ouvriers et les capitaux étrangers, en grande partie chiliens, qui ne tardèrent pas à donner naissance à la petite ville de Caracolès et au port florissant d'Antofagasta.

Les actes arbitraires et les libéralités du général Melgarejo, dont le gouvernement n'a laissé que de fâcheux souvenirs à la Bolivie, ont été annulés par les lois des 9 et 14 août 1871. En vertu de ces lois, les terrains à salpêtre de la Compagnie durent faire retour à l'Etat, et comme la Compagnie avait déjà consacré à l'entreprise des capitaux considérables, il s'éleva des réclamations et des questions de droit auxquelles on parvint heureusement à mettre un terme par la transaction conclue en novembre 1873 entre le Gouvernement bolivien et la Compagnie, transaction faite à l'entière satisfaction de cette dernière, et d'un caractère essentiellement privé en ce qui concerne la Bolivie, c'est-à-dire complètement étrangère aux relations internationales de cette République avec le Chili.

Deux ans auparavant, en 1871, le Chili et la Bolivie avaient déjà commencé à avoir ensemble quelques difficultés, soit au sujet des comptes auxquels donnait lieu la communauté de droits établie par le traité de 1866, soit parce que la Bolivie voulait soustraire à cette communauté les produits du droit sur les salpêtres exportés par Antofagasta, ces produits, à l'époque où le traité de 1866 avait été conclu, ne pouvant entrer dans l'esprit des contractants, et leur immense valeur pouvant bien moins encore être soupçonnée alors. Toutefois ces désaccords furent encore heureusement terminés en 1874 par la conclusion d'un nouveau traité entre le Chili et la Bolivie, dans lequel, comme dans celui de 1866, on reconnaissait encore expressément les mêmes limites, c'est-à-dire, le domaine de la Bolivie sur les territoires aujourd'hui envahis par le Chili. De plus, le Chili y reconnaissait à la Bolivie le plein droit de percevoir tout le produit des taxes de l'exportation par ses ports, mais à la condition *que durant 25 ans les citoyens du Chili seraient exempts de toute augmentation d'impôts*. On voit que dans le traité de 1874, comme dans celui de 1866, le Chili reconnaissait à la Bolivie le plein exercice d'un droit, en échange d'avantages gratuits qu'il stipulait pour lui-même. Quel motif fondé sur la justice pourrait-on donner en effet pour que les nationaux du Chili fussent distingués des autres étrangers en ce qui concerne les impôts et autres charges quelconques que la Bolivie pouvait décréter conformément à ses lois et à ses intérêts? En attendant, le traité de 1874 paraissait avoir du moins tranché toutes les difficultés.

II.

Occupation d'Antofagasta. — Causes immédiates.

En 1878, l'Assemblée nationale de la Bolivie fit une loi qui a été la cause immédiate de l'occupation du territoire bolivien effectuée un an après à titre de revendication.

Voici le texte de cette loi :

ARTICLE UNIQUE. — Est approuvée la transaction conclue par l'Exécutif, le 17 novembre 1873, avec le fondé de pouvoir de la Compagnie anonyme des Salpêtres et du Chemin de fer d'Antofagasta, *à condition* qu'il sera perçu comme minimum *un impôt de cinquante centimes* (10 centavos) *par quintal de salpêtre exporté.*

Le Pouvoir Exécutif est chargé de l'exécution de la présente loi.

La Paz, le 14 février 1878.

Pour que le lecteur comprenne la raison d'être de cette loi, il doit savoir que la transaction de 1873, approuvée par elle, avait été conclue entre la Compagnie des Salpêtres et le Pouvoir Exécutif de la Bolivie, en vertu d'une loi portée par le Congrès bolivien l'année précédente, autorisant l'Exécutif à transiger avec les intéressés.

Cette loi d'autorisation, datée du 22 novembre 1872, contient deux articles dignes d'attention.

ART. Ier. Les réclamations faites par des citoyens étrangers pour indemnités provenant de *concessions* ou de *contrats* faits par le Gouvernement *seront portées devant la Cour Suprême de Justice*, laquelle en connaîtra au contentieux, le Ministère public représentant les intérêts nationaux.

Art. II. L'Exécutif est autorisé à transiger au sujet de l'indemnité et des autres réclamations actuellement pendantes contre l'Etat, *soit de la part des nationaux, soit de la part des étrangers ;* et à s'entendre avec les parties intéressées *sur la forme la plus convenable à adopter pour remplir les obligations respectives ;* en sorte que ces affaires ne soient déférées à la décision de la Cour Suprême, qu'en cas de non accord , *le tout à charge de rendre compte à la prochaine législature.*

La transaction de 1873 une fois faite, fut soumise au premier Congrès qui se tint ensuite, celui de 1874, conformément à ce qui était réglé à la fin de l'Art. II ci-dessus cité ; mais l'approbation législative n'eut lieu qu'au mois de février 1878, dans les termes que nous avons cités plus haut.

L'obligation imposée par cette loi de payer 50 centimes sur chaque quintal de salpêtre exporté, eut malheureusement pour effet de raviver les différends et les discussions antérieures, et la question prit immédiatement un caractère diplomatique, le Plénipotentiaire du Chili à La Paz et le Gouvernement de Santiago ayant pris chaudement en main les intérêts de la Compagnie anonyme des Salpêtres contre le Gouvernement bolivien, qui de son côté s'efforça de justifier la légalité de l'impôt, et surtout le droit que la Bolivie avait de le décréter. La polémique ainsi engagée, donna lieu à une correspondance longue et passionnée, dans laquelle tout espoir d'arriver à une entente ne tarda pas à s'évanouir.

C'est dans cette correspondance, et non dans le Manifeste du Ministre Fierro, qui, ainsi que nous le verrons bientôt, est dépourvu de l'exactitude désirable dans un document de cette nature, qu'il faut chercher les éléments nécessaires pour porter un jugement impartial sur l'affaire.

Pour la défense de la Compagnie, on allègue que la transaction avait reçu toute sa perfection par le seul fait de sa présentation à l'Assemblée de 1874; que l'impôt des 50 centimes est une violation flagrante de l'Art. IV du traité de 1874, d'après lequel les sujets chiliens resteront pendant l'espace de 25 ans exempts de toute augmentation d'impôt; que cette violation impliquant la rupture dudit traité aurait pour effet de rétablir les choses dans l'état où elles étaient avant le traité de limites de 1866, et que le Chili serait dès lors en droit de réclamer le territoire qu'il prétend avoir possédé jusqu'au 23ᵉ parallèle; enfin que la loi des 50 centimes, portant atteinte aux traités, si elle n'était pas abrogée, entraînerait la rupture des bonnes relations entre les deux pays. A l'appui de ces raisons, des navires de guerre chiliens se rendirent devant Antofagasta, menaçant à chaque instant de faire intervenir dans la dispute des arguments plus irrésistibles.

Le Gouvernement de la Bolivie répondait à ces raisonnements: 1° Que le seul fait de la présentation de la transaction de 1873 à l'Assemblée de l'année suivante, n'en impliquait pas l'approbation; et qu'il était arrivé là ce qui arrive pour beaucoup d'affaires importantes, qui, ne pouvant être terminées dans une législature avant le temps où la session est forcément close, sont réservées aux législatures suivantes; 2° que l'impôt des 50 centimes non-seulement était juste et en même temps très léger, eu égard aux immenses profits que la Compagnie retirait des salpêtrières, mais qu'il n'impliquait absolument aucune violation de l'article IV du traité de 1874, premièrement, parce que la Compagnie, bien que composée d'actionnaires et de capitaux en majeure partie chiliens, *n'était en aucun cas un sujet chilien, mais bien une association anonyme assujettie aux lois de la Bolivie*, et dans ses transactions avec le Gouvernement, soumise à la juridiction de la Cour Suprême de Justice, ainsi que l'avait réglé la même loi de 1872 qui avait autorisé à faire la transaction; secondement, parce que la Compagnie ayant obtenu par cette transaction la cession de non moins de *cinquante* ESTACAS *d'une contenance de six cent quarante mille mètres carrés chacun,* l'impôt était une des conditions intégrantes d'une convention d'un caractère entièrement privé par rapport à la Bolivie, et ne pouvant donner lieu en aucun cas à une question internationale ; 3° que, si la Compagnie avait de justes motifs pour s'opposer à l'impôt, ou tout autre grief contre le Gouvernement, elle aurait dû produire ses réclamations conformément aux lois établies, et que la protection diplomatique ne pouvait intervenir que dans le cas où ces justes réclamations n'auraient pas été entendues ; 4° que, si la Compagnie refusait d'accepter la condition établie par la loi de février 1873 approuvant la transaction, elle obligerait évidemment le Gouvernement à déclarer cette transaction nulle et sans effet, par suite de quoi les terrains à salpêtre feraient retour au Gouvernement bolivien ; 5° que, si le Gouvernement chilien persistait, contrairement au droit, à donner à la question un caractère international en se mêlant des affaires intérieures de la Bolivie, et si en conséquence il rompait le traité de 1874 et déclarait que les choses reviendraient à l'état où elles étaient avant le traité de limites de 1866, il résulterait de là que le

Gouvernement de la Bolivie devrait rentrer en possession de ses anciennes limites jusqu'au 27e parallèle, attendu qu'il est complètement inexact que par ce traité le Chili ait fait aucune cession de territoire, et que tout au contraire, c'est la Bolivie qui se dessaisissait en faveur du Chili.

On voit dans ce qui précède le résumé des principales raisons que chacune des parties faisait valoir en faveur de sa thèse ; et, dans les nombreuses notes échangées à ce sujet, ces raisons étaient accompagnées d'autres considérations plus ou moins spécieuses, de plaintes plus ou moins fondées et de digressions plus ou moins inutiles dans le domaine des faits passés.

A travers le ton conciliateur des formules diplomatiques, il n'est pas difficile de reconnaître clairement que le Gouvernement chilien considérait comme arrivé le moment de réaliser le rêve si longtemps caressé de se mettre en possession du territoire objet de ses convoitises. Dès le commencement des négociations, il parle de la rupture du traité de 1874, de rupture des relations avec la Bolivie, de *revendication*. La Bolivie s'efforce vainement de prouver son droit et de donner à cette affaire si grave une tournure qui permette d'arriver à une solution pacifique ; elle n'envisage la guerre qu'avec horreur, mais dans l'alternative qui s'offre à elle d'accepter l'ingérence abusive du Chili dans ses affaires domestiques ou les maux d'une guerre désastreuse, elle n'hésite pas à accepter la seconde.

Alors, comme en désespoir de cause, après un échange de notes inutiles en faveur d'un arrangement pacifique, le Cabinet de La Paz fit un décret qu'il croyait propre à couper court à toutes les plaintes, et qui ne fit au contraire qu'aggraver la difficulté. A la date du 1er février 1879, il décréta que les effets de la loi relative à l'impôt seraient suspendus, que la transaction de 1873 était rescindée, et qu'en conséquence les terrains cédés à la Compagnie par cette convention feraient retour à l'Etat. Le Gouvernement bolivien cherchait à prouver par là que la question était essentiellement d'ordre privé : en effet, la loi d'impôt que le Plénipotentiaire du Chili croyait porter atteinte à l'ART. IV du traité de 1874, une fois abrogée, il n'y avait plus aucune raison de soulever la question diplomatique, la Compagnie devant, d'après la loi de 1872, soumettre à la Cour Suprème de La Paz tous les différents qu'elle pouvait avoir avec le Gouvernement. Toutefois, ainsi que nous l'avons dit, cette mesure produisit l'effet contraire à celui qu'on aurait dû en attendre. A peine la nouvelle fut-elle arrivée à Santiago, le 12 février, que le Gouvernement du Chili donna des ordres pour l'occupation immédiate d'Antofagasta, et deux jours après, cette place fut occupée par les forces chiliennes à titre de *revendication*. De son côté, le Plénipotentiaire du Chili, que des instructions bien antérieures avaient mis au courant de tous les projets de son Gouvernement, déclara *ex abrupto*, deux jours avant l'occupation d'Antofagastá, la rupture du traité de 1874, ainsi que des relations entre les deux pays, et demanda ses passeports.

C'est ainsi que ce Plénipotentiaire, aussi bien que les membres du Cabinet de Santiago, oubliaient la circonspection que leur imposaient les devoirs de leur position. les vrais intérêts du Chili et les règles les plus ordinaires de la diplomatie, ainsi que nous allons le prouver, pour devenir les agents armés d'une compagnie anonyme, et lancer leur patrie dans une guerre déplorable, dont l'objet ne pouvait être ni l'honneur, ni l'intérêt bien compris de la nation chilienne.

Le 20 février, par défaut matériel de temps, on ignorait encore à La Paz, l'occupation d'Antofagasta, et le Ministre des Affaires Étrangères, étonné de la conduite du Représentant chilien, M. Videla, adressa directement ses plaintes et ses explications au Ministre des Affaires Étrangères du Chili. Ce document, qui n'a pas besoin de commentaires, parle bien haut en faveur des sentiments élevés dont était animé le Cabinet de La Paz. Le voici :

La Paz, 20 février 1879.

Monsieur le Ministre,

J'ai l'honneur de m'adresser à Votre Excellence pour l'informer de la direction irrégulière que le Chargé d'Affaires, M. Pedro N. Videla, a cru devoir donner à la négociation ouverte entre le Gouvernement de Votre Excellence et le mien, au sujet de l'exécution de la loi du 14 février 1878, approuvant la convention conclue entre la Compagnie anonyme des Salpêtres et du Chemin de fer d'Antofagasta et le Gouvernement de la Bolivie. Cette négociation a été interrompue *ex abrupto* par les déclarations contenues dans les dépêches de l'honorable M. Videla, en date des 12 et 13 courant. Par la première, il notifie à mon gouvernement la rupture du traité du 6 août 1874, et par la seconde il déclare sa mission terminée. De telles déclarations, dans l'état où se trouvait le débat, ne sauraient avoir été faites d'après les instructions et avec l'autorisation du Gouvernement de Votre Excellence.

Par les informations que Votre Excellence doit avoir reçues de l'honorable M. Videla, elle sait sans doute que, à la suite de la réclamation présentée par lui en date du 2 juillet 1878, au sujet de l'exécution de la loi du 14 février, ce n'est que par déférence pour le Gouvernement de Votre Excellence que mon Gouvernement a consenti à différer cette exécution jusqu'à la réponse du 13 décembre dernier, dans laquelle il a démontré jusqu'à l'évidence que l'impôt réclamé avait son origine dans un contrat particulier passé entre la Compagnie des Salpêtres et le Gouvernement de la Bolivie, et qu'il était la conséquence nécessaire de ce contrat; que par conséquent la stipulation de l'article 4 du traité de limites de 1874 n'était point applicable à cet impôt, cet article se référant à des cas généraux, et non à des faits qui n'ont pour cause qu'une convention particulière. Après cette réponse, mon Gouvernement, agissant logiquement, a procédé à faire exécuter la loi, en donnant connaissance au représentant du Gouvernement de Votre Excellence par la communication du 18 décembre dernier.

L'honorable M. Videla déclara alors, ainsi que Votre Excellence doit le savoir, au nom de son Gouvernement, que le traité de 1874 était rompu, et de là mon honorable prédécesseur prit occasion de bien rappeler, par sa note du 26 décembre, que l'article 2 du traité complémentaire de 1875 indiquait l'arbitrage comme moyen de décider les questions d'interprétation et d'application du traité précité: en conséquence de quoi, le Gouvernement de Votre Excellence proposa de recourir à l'arbitrage.

Malgré tout cela, la conduite de mon Gouvernement a été qualifiée d'inusitée et d'irrégulière par le représentant de celui de Votre Excellence, qui est allé dans sa note du 8 courant jusqu'à l'accuser d'avoir annulé un contrat parfait conclu avec un gouvernement constitutionnel, et dûment autorisé par une assemblée législative; oubliant que la loi de février, dont mon Gouvernement avait ordonné l'exécution, émane aussi d'une autre assemblée législative, qui en la portant prit en considération les antécédents du contrat conclu avec la Compagnie des Salpêtres, ainsi que l'origine et les conditions de *l'adjudication gratuite* qui eut lieu, sous le nom de *transaction*, d'une étendue de terrain à salpêtre bien supérieure à celle qu'il est permis de concéder, d'après nos lois et règlements respectifs.

La discussion etant arrivée à ce point, la protestation de la Compagnie contre la loi du 14 février, impliquant un refus formel d'accepter l'approbation légale de la convention du 27 novembre, obligea mon Gouvernement à prononcer la rescision de cette convention, en ramenant les choses à l'état des concessions primitives que la Compagnie a obtenues, et c'est en ce sens qu'il a agi, en exerçant ses droits de haut domaine et ceux de surveillance et de protection qui lui appartiennent en ce qui concerne les intérêts nationaux. Les fondements de l'acte administratif dont je parle, sont clairement exposés dans le décret du 1er courant, dont copie légalisée a été communiquée à la Légation du Chili.

La rescision, dont le principal effet a été de suspendre l'exécution de la loi du 14 février, contre laquelle le Gouvernement de Votre Excellence réclamait comme impliquant une violation du traité de 1874, mettait un terme à la réclamation diplomatique en en supprimant l'unique fondement. Si la Compagnie ne veut pas se soumettre à ce décret, elle peut recourir à la justice ordinaire pour faire valoir les droits et privilèges qu'elle prétend avoir obtenus.

Le décret dont il s'agit ayant été communiqué à M. le Chargé d'Affaires du Chili, il refusa de l'accepter, prétendant que le Gouvernement de la Bolivie avait évité de donner une réponse claire et définitive, et que, sans se soucier de l'arbitrage, il avait abandonné les négociations diplomatiques et décidé lui-même la question en sa faveur. Partant d'une base aussi fausse que l'est l'affirmation « que la Compagnie anonyme est maîtresse et propriétaire des terrains qu'elle occupe sur le littoral, et que les droits que lui assure la transaction du 27 novembre 1873 sont légitimes. », l'honorable M. Videla conclut qu' « en vertu du traité de 1874, il ne peut être imposé à la Compagnie aucune taxe soit d'exportation soit d'importation, et que l'on peut encore bien moins la dépouiller des salpêtrières dont elle est paisiblement en possession depuis cinq ans. » Les paroles mêmes de l'honorable M. Videla montrent, à première vue, qu'il ne s'agit déjà plus de la perception de l'impôt, mais *directement et déterminément de la question de propriété des salpêtrières, question qui, par sa nature et par ses antécédents, est d'un caractère strictement privé, ou de droit purement intérieur, et dans laquelle le Gouvernement du Chili ne peut intervenir directement ni indirectement sans méconnaitre la souveraineté de la Bolivie et sans commettre une violation flagrante des règles les plus élémentaires du droit international.*

Et en effet, si le Gouvernement de Votre Excellence ne peut décider, sans empiéter sur le pouvoir judiciaire, que le contrat du 27 novembre n'a pas le caractère d'une transaction, bien que la loi bolivienne et la législation universelle définissent clairement que c'est un contrat ; s'il ne peut porter un jugement sur la violation de nos lois et règlements par les concessions gratuites et énormes faites à la Compagnie, sans cause justifiée et sans avantage pour le pays ; s'il ne peut déclarer que le contrat, qui sous un autre rapport ne peut être appelé du nom de *transaction* que par ironie, blesse manifestement les droits de la Bolivie, et qu'il a été conclu en outrepassant les limites du mandat conféré par l'acte législatif du 22 novembre 1872 ; le Gouvernement de Votre Excellence peut bien moins encore prendre la qualité de partie intéressée dans le litige, en se chargeant de représenter les intérêts d'une compagnie anonyme établie légalement en Bolivie, pour obliger cette nation à se soumettre à l'arbitrage international prévu par le traité complémentaire du 25 juin 1875.

L'honorable M. Videla n'a rien voulu voir de tout cela, et évitant la discussion, quand mon Gouvernement espérait qu'elle serait conduite *tranquillement et pacifiquement*, il s'est borné à adresser un ultimatum, contenu dans sa note du 8 courant, et fixant pour la réponse le *terme péremptoire de quarante-huit heures*. Une pareille note comminatoire, dans laquelle on déclarait close la discussion dont le Gouvernement bolivien avait récemment pris l'initiative, et que M. Videla ne jugeait pas à propos d'accepter, ne pouvait être considérée que comme une injure faite à mon Gouvernement, et Votre Excellence jugera si, en présence d'une telle notification, il était de mon devoir ou non de répondre à la note en question.

En attendant, le courrier apportant de l'extérieur des nouvelles alarmantes au sujet des préparatifs de guerre qui se faisaient dans la République de V. E., ainsi que du but hostile que la presse même du Chili attribue au séjour du navire blindé *Blanco Encalada* dans la baie d'Antofagasta, je communiquai à l'honorable M. Videla la déclaration contenue dans la note du 12 courant, dont je me permets d'envoyer à V. E. une copie légalisée, en en réitérant ici la teneur et en sollicitant une déclaration franche et loyale au sujet des hostilités prochaines que l'on dit que le Gouvernement de V. E. se prépare à ouvrir contre les populations paisibles et sans défense du littoral bolivien.

L'honorable M. Videla s'est dispensé de répondre à la note précitée du 12 courant, en donnant pour raison qu'il ne l'avait reçue qu'un peu après avoir remis au Ministre la sienne du même jour, dans laquelle il demandait ses passeports, donnant sa mission comme terminée et déclarant rompus tous les traités existants entre les deux Républiques.

Les paroles du négociateur chilien à ce sujet sont dignes d'attention, en ce qu'elles révèlent tant la passion, que le parti pris d'avance sur la question qui s'agite. Bien que je voie que les appréciations de cette nature seront peut-être prématurées et qu'elles pourraient arriver à avoir un caractère odieux, je me permets d'appeler l'attention de V. E. sur les considérations délicates auxquelles les déclarations du Représentant du Gouvernement de V. E. sont de nature à donner lieu.

L'honorable M. Videla, après avoir annoncé que, « conformément aux instructions qu'il avait reçues de son Gouvernement », il avait résolu de retourner au Chili, déclare « rompre le traité du 6 août 1874, parce que la Bolivie n'a pas rempli les obligations qui y étaient stipulées et que les droits que le Chili faisait légitimement valoir avant le traité territorial de 1866, sur le territoire auquel ce traité se rapporte, renaissent dès lors en sa faveur. »

Afin de faire peser sur la Bolivie la responsabilité de cette rupture, il ne fait pas difficulté d'affirmer que mon Gouvernement a proposé par deux fois l'arbitrage établi dans le pacte, et que chacune de ces deux fois il a oublié sa proposition, après qu'elle avait été acceptée par le Gouvernement de V. E.

Il n'est pas exact de dire que l'arbitrage ait été proposé deux fois par mon Gouvernement; il en a été fait mention dans la note du 12 janvier dernier, et c'est le Représentant du Chili qui l'a proposé formellement dans celle du 20 du même mois. Quand dans la note du 6 courant il a été dit « que, dans le cas où il surgirait un nouvel incident, le gouvernement serait toujours disposé à s'appuyer sur l'arbitrage, » ce moyen ne pouvait pas s'appliquer convenablement à décider la question de savoir si la rescision prononcée était ou non légitime, puisque le Gouvernement considérait cette question comme de droit intérieur et, dans cette idée, regardait comme écarté le motif de la réclamation du Gouvernement du Chili. Il n'est pas juste de donner des interprétations violentes, dans le but exclusif de faire peser sur la Bolivie la responsabilité d'actes qui ne peuvent lui être imputés. La vérité et la bonne foi doivent dominer dans toute discussion, quel qu'en soit l'objet.

Malheureusement nous sommes forcés de constater que sitôt que la difficulté s'est élevée avec la Compagnie anonyme des Salpêtres, le Gouvernement du Chili a formulé sa première réclamation, avec menace de rompre le traité de 1874. A cette déclaration, ainsi que je l'ai déjà fait observer, l'honorable M. Videla en a ajouté une autre encore plus grave, en ramenant les droits territoriaux des deux nations limitrophes à l'état où ils étaient antérieurement à la convention de cession de territoire qu'une domination funeste à la Bolivie accorda au Chili en 1866, dans le temps même où elle lui avait donné l'appui de son alliance dans la guerre avec l'Espagne, sans aucun profit pour elle-même, et en cédant en outre trois degrés géographiques de son littoral sur le Pacifique.

L'annulation du dit traité de cession de 1866, loin de diminuer les droits de la Bolivie, aurait nécessairement pour effet, d'après le droit international, d'en revenir à l'*uti possidetis* de 1810, selon lequel appartiennent à la Bolivie toute la partie comprise dans son littoral, et le territoire d'Atacama, depuis les limites septentrionales du désert, formées par la rivière Loa, jusqu'au 27ᵉ degré, où commençait seulement le territoire du Chili avant le traité en question, qui lui donna trois degrés géographiques au sud du désert.

Comme, d'après la direction qui a été donnée à la question de la Compagnie des Salpêtres, on peut présumer le dessein de nouveaux démembrements de la Bolivie en vertu des difficultés qui ressortent des traités conclus, j'accomplis un devoir solennel en déclarant que ni la Bolivie ni son Gouvernement ne consentiront jamais au triomphe de la politique absorbante et perturbatrice que l'on est fondé à attribuer au Gouvernement de Votre Excellence par le fait qu'*il fait surgir d'une question économique et d'importance subalterne appartenant exclusivement au droit public intérieur,* la très-grave déclaration de la rupture de tous les traités conclus entre le Chili et la Bolivie, sans en excepter même le traité de limites qui, selon les principes du droit international, doit continuer à subsister même dans l'état de guerre déclarée et réalisée.

Puisque je touche ce point, Votre Excellence me permettra de lui faire part de l'étonnement avec lequel mon Gouvernement a trouvé dans les communications de l'honorable M. Videla, des menaces de guerre et de conquêtes qui ne s'expliquent pas entre deux peuples intimement unis, comme le sont, par leurs relations commerciales et de fraternité, le Chili et la Bolivie.

La conquête, sans l'emploi de la guerre, qui est impossible entre deux puissances dont l'une est maritime et l'autre, par sa situation géographique, strictement méditerranéenne, n'arriverait qu'à être ridicule et serait sans gloire et sans honneur pour le Chili.

L'escadre chilienne peut occuper, sans rencontrer aucune résistance, le littoral bolivien habité par des populations sans défense ; mais cet acte de guerre, qui ne serait qu'un scandaleux abus de la force, ne résoudrait aucune question territoriale ; et si le Chili voulait résoudre le problème de l'agression régulièrement et avec honneur, il viendrait chercher la puissance qu'il se propose de combattre, dans le centre même où réside la vie nationale ; mais la victoire lui serait alors impossible.

Je ne doute pas que le Gouvernement du Chili ne daigne accorder une sérieuse attention à la communication qui précède, et que, dans l'intérêt des deux pays, il ne cherche à donner une solution pacifique et satisfaisante au désaccord actuellement pendant ; et dans l'espérance que Votre Excellence voudra bien me faire connaître la pensée de son Gouvernement à cet égard, j'ai l'honneur de lui présenter l'expression de la considération avec laquelle je suis de Votre Excellence le respectueux et dévoué serviteur,

EULOGIO D. MEDINA..

A Son Excellence, M. le Ministre des Affaires Étrangères du Chili à Santiago.

Le lecteur a pu voir dans ce document qu'au moment même où l'invasion chilienne était un fait, le Gouvernement bolivien, croyant que l'agent diplomatique du Chili interprétait peut-être mal ou exagérait du moins les instructions de son Gouvernement en déclarant rompus tous les traités existants, aussi bien que l'harmonie entre les deux pays, s'efforçait encore de conjurer ce malheur en faisant appel à la sagesse du Gouvernement chilien lui-même.

Peine inutile : l'occupation d'Antofagasta était décidée dans l'esprit des hommes qui étaient à la tête du Chili, longtemps avant de devenir un fait. C'est ainsi qu'en jugeaient l'opinion publique, la presse et les hommes prévoyants des deux pays, et à l'honneur de la prudence de la nation chilienne, nous devons dire que le Gouvernement, soit avant, soit après l'occupation du littoral bolivien, se vit en butte à de terribles attaques. C'est un fait que l'opinion générale et même quelques journaux ont attribué à plusieurs des hommes qui dirigeaient la politique, une part d'intérêts dans la Compagnie des Salpêtres d'Antofagasta, et, en conséquence, ont condamné leur conduite dans la direction qu'ils imprimaient à cette affaire. Beaucoup de journaux ont accusé le Cabinet de Santiago d'avoir cherché dans un conflit extérieur un moyen de se rallier les partis contraires qui, soit dans les élections prochaines, soit dans le Congrès, auraient indubitablement compromis son existence. D'autres organes raisonnables de la presse, voyant compromettre dans une guerre sans motif le bien-être du peuple chilien, adressaient au Gouvernement de sages conseils. Pour en donner une idée, nous citerons *El Mercurio*, un des journaux les plus accrédités du Chili, qui, dans un article de fond du milieu de janvier, c'est-à-dire antérieur à l'occupation d'Antofagasta, s'exprimait ainsi :

On va vite dans la voie des griefs, surtout quand interviennent des intérêts pécuniaires qui se rattachent naturellement à la controverse et au litige.

C'est pour cela que nous blâmons la forme donnée par M. le Ministre de l'Extérieur à une réclamation qui pouvait très-bien obtenir effet, sans précipiter les choses, et surtout sans recourir à un déploiement hautain de forces qui, par cela même qu'elles ne devaient pas en rencontrer d'autres avec lesquelles elles pussent se mesurer, devaient exaspérer les esprits chez l'adversaire.

Quand on veut conserver la paix à tout prix, comme paraissent le vouloir nos gouvernants, on ne doit pas employer des pro-

cédés contradictoires, tels que celui que nous venons de signaler;
autrement, outre que l'on tombe dans une anomalie choquante
et compromettante, on montre par là que l'on n'a pas de but
fixe, que l'on marche à l'aventure, ou, ce qui est la même chose,
sans autre règle que la force ou la faiblesse de ceux auxquels on
a affaire.

En attendant, quel rôle va jouer le cuirassé *Blanco Encalada*
à Antofagasta, si la question se résout, comme il est probable,
par la voie d'un arrangement à l'amiable? Ne sera-ce pas le rôle
que l'escadre argentine joue sur la rive australe de la rivière
de Santa-Cruz? Et parce que nous avons supporté cette offense,
devons-nous espérer que les Boliviens supporteront celle que
nous leur faisons? Mais surtout, pourquoi en appeler aux voies
d'intimidation, quand on peut obtenir ce que l'on veut par des
conventions?

Il serait donc à désirer que le Gouvernement, prenant en
considération les besoins de la situation, la manière dont on a
procédé dans la question argentine, et tous les autres motifs
que M. le Ministre Fierro a développés à la Chambre des Députés
pour excuser sa conduite, donnât une meilleure direction à la
négociation avec la Bolivie. Personne ne lui demande de mettre
de la mollesse ni rien qui y ressemble dans la réclamation dont
il s'agit; mais nous lui demandons tous de traiter les affaires
avec prudence et avec tact; car ce serait pitié que pour faire les
arrogants, nous arrivions à nous mettre dans un bourbier d'où
nous ne pourrions sortir que par l'égoût.

Que peuvent désirer de mieux les Argentins que de nous voir
brouillés avec la Bolivie? N'ont-ils pas voulu naguère faire avec
le Pérou une ligue offensive et défensive, en donnant pour un
fait certain que le Pérou tiendrait à venger d'anciens griefs
contre le Chili?

Quand on sait de telles choses, on s'étonne véritablement de
les voir mettre en oubli par ceux qui seraient le plus obligés à
se les rappeler. Ou bien nos gouvernants croient-ils qu'avec le
pacte Fierro-Sarratea, nous soyons assurés de la paix avec toute

l'Amérique? Il peut se faire que la Bolivie elle-même se prévale de notre faiblesse pour se refuser à accorder ce qu'on lui demande. Dieu veuille qu'il n'en soit pas ainsi, car ce serait le comble des maux qu'étant déjà si humiliés par un tel traité, nous nous voyions bientôt engagés dans d'autres difficultés plus graves encore.

Pour que l'on comprenne bien ce que *El Mercurio* dit au sujet de la question de la République argentine, question qui rend indubitablement plus inexcusable la conduite du Gouvernement chilien à l'égard de la Bolivie, nous devons avertir que ce Gouvernement, après avoir élevé des prétentions sur certains territoires de la Patagonie, qu'il prétendait *revendiquer* comme il le fait maintenant en Bolivie, envoya ses navires dans la rivière de Santa-Cruz, afin d'essayer si la menace d'employer la force n'appuierait pas efficacement ses prétentions. Sans entrer dans les détails, nous dirons seulement le résultat de cette équipée, qui fut que les navires chiliens se retirèrent timidement et avec une humble attitude, bien différente de celle qu'ils avaient auparavant, ayant compris que les Argentins n'étaient pas, comme les Boliviens, incapables de résister sur mer. Ce qui fut plus fâcheux encore, c'est que le Cabinet de Santiago, battu sur le terrain diplomatique, conclut avec le Plénipotentiaire argentin, un traité que l'opinion publique et la presse chilienne ont qualifié de *honteux*, parce qu'il avait été fait sous la pression menaçante de l'escadre argentine à l'embouchure du Santa-Cruz. C'est à ce sujet que le ministre Fierro eut à subir au Congrès les interpellations et les attaques les plus violentes. Un journal chilien, *El Estandarte*, va jusqu'à dire que le député Möntt, dans la séance secrète tenue à ce sujet, qualifia de traîtres les membres du Cabinet. En répondant aux accusations dont il l'était l'objet, le Ministre Fierro se jeta dans des considérations qui n'étaient pas en harmonie avec la dignité de son pays, et entre autres choses, il dit que « le traité avait été l'œuvre d'un *sentiment élevé d'américanisme; que les nécessités actuelles, par suite de complications diplomatiques avec d'autres pays,* et même de *l'impuissance où étaient les Chiliens de faire la guerre,* imposaient ce traité comme le plus *avantageux* possible. »

Comment se fait-il que le ministre qui chantait ainsi la palinodie en présence d'une nation bien armée, ne se soit plus souvenu de ces *prudentes* maximes quand il s'est trouvé en face d'une autre nation qui n'était pas dans les conditions maritimes de la République de la Plata pour faire respecter son littoral ?

Pour en revenir à la question principale et afin que le lecteur soit au courant de tout ce qui concerne Antofagasta, donnons une idée du Manifeste du Ministre des Affaires Étrangères, D. Alexandro Fierro, dont le principal objet est de justifier l'occupation de ce port par des motifs de *revendication*, comme le montre le titre même de cet écrit : « *Exposition des motifs qui justifient la revendication par le Chili du territoire compris entre le 23ᵉ et le 24ᵉ parallèle de latitude méridionale.* »

Dans ce document, le Ministre chilien se surpasse lui-même, attendu qu'il y met beaucoup plus que ce que promet le titre. Ainsi une grande partie de cet écrit est consacrée à des reproches peu généreux au sujet de la politique intérieure de la Bolivie et à des plaintes rétrospectives au sujet de certains actes dont les autorités et les citoyens de la Bolivie se seraient rendus coupables contre des Chiliens établis dans ce pays. Cette partie du Manifeste est non-seulement injuste, mais inutile; car ces plaintes, couvertes pour la plupart par l'autorité de la chose jugée, étaient de la compétence exclusive des tribunaux boliviens, et, dans tous les cas, étrangères à la question de revendication. Et cela est si vrai que, dans la discussion diplomatique qui précéda le conflit, il n'a été question d'aucune de ces récriminations.

Mais c'est surtout dans la question des salpêtres que le Ministre Fierro s'étend en considérations minutieuses et prolixes. C'est là qu'on voit avec tristesse comment un aveuglement inqualifiable, dont il ne nous appartient pas d'apprécier les causes, a fait que le rôle de ce fonctionnaire a semblé être bien plutôt celui du gérant salarié d'une entreprise particulière, que celui d'un Ministre défendant les grands intérêts de son pays. En effet, le lecteur qui, en lisant cette partie de l'*Exposition*, espérait y trouver des raisons plus ou moins plausibles, prouvant que l'honneur et les intérêts de la nation chilienne ont été lésés, n'y trouve en réalité qu'une longue plaidoirie dont il ne ressort clairement qu'une chose, c'est qu'il ne s'agit ni d'offenses ni d'injures faites soit à la nation chilienne ou à son Gouvernement, soit même aux Chiliens établis à Antofagasta, et sur lesquels le lecteur qui n'est pas au courant des faits pourrait croire que pèserait l'impôt, mais qu'il s'agit uniquement de la défense des intérêts d'une compagnie anonyme, soumise expressément et de son plein gré au Gouvernement bolivien, et qui sans cela n'aurait jamais obtenu les terrains à salpêtres et tous les autres avantages que lui a concédés le Gouvernement de ce pays. Cette partie de l'*Exposition* qui, analysée froidement, ne prouve rien, pas même ce que le Ministre se propose d'établir en faveur de la Compagnie, met en évidence la marche tortueuse qui a été suivie dans toute cette affaire, et la conduite équivoque, sinon coupable, du Ministre.

De ces considérations générales, passons maintenant à l'examen des preuves qu'il apporte à l'appui du domaine ancien qu'il attribue au Chili sur le territoire en litige, et qui seul, s'il était solidement démontré, se rapporterait réellement à la question, c'est-à-dire au principe de la *revendication*.

Une de ces preuves est tirée de l'autorité des historiens, parmi lesquels le Ministre Fierro choisit *Los Comentarios Reales* de Garcilaso de la Vega, *la Cronica del Perú* de Cieza de Leon, et une *Historia del Perú*, dont l'auteur est le jésuite Oliva. Après avoir énuméré ces ouvrages en bloc, et sans citer les passages de ces historiens contemporains de la conquête espagnole, qui, selon lui, seraient en faveur de sa thèse, il finit par affirmer que « d'autres non moins renommés s'accordent à dire que le désert d'Atacama faisait partie du Chili.

Cette manière de prouver est très-commode quand on a des raisons de compter sur l'ignorance du lecteur ou sur son défaut d'examen; mais elle n'est pas excusable et implique une supposition inadmissible, dans un Manifeste destiné aux cercles diplomatiques de tous les pays plutôt qu'à toute autre classe de lecteurs.

Sans parler de la bizarrerie qu'il y a à recourir à ces historiens et chroniqueurs, qui ne peuvent en aucune manière être considérés comme des autorités dans la vraie question de frontières, il est bien facile de démontrer qu'en admettant même la compétence de ces témoignages

historiques dans la matière dont il s'agit, ils ne servi-
raient qu'à nous conduire à une conclusion diamétrale-
ment contraire à la thèse que soutient le Ministre chilien.
Ainsi, voici ce que nous lisons dans *Los Comentarios*
de Garcilaso (P. I, L. VII, Cap. 18) : « D'Atacama, l'Inca
(Yupanqui) envoya des courriers et des explorateurs pour
aller à travers ce désert à la découverte d'une route pour
le Chili. » Dans ce passage, comme dans tout le chapitre dont il faisait partie, on voit clairement que dans
l'esprit de Garcilaso, le Chili était non seulement au sud,
mais encore à une grande distance du désert. Bien auparavant le même historien avait raconté que c'était l'*Inca
Yupanqui* qui en qualité de *premier occupant*, avait
pris possession du territoire du désert d'Atacama, « *l'avait
annexé à l'Empire*, et avait établi une route et un service postal jusqu'à Copiapu » (port du Chili). Comme une
partie considérable du territoire qui appartenait à la
grande province de Collasuyo, laquelle au temps des Incas
constituait la partie méridionale de l'Empire, forme
aujourd'hui le territoire de la Bolivie, il ressort clairement de là que c'est à la Bolivie que l'Inca Yupanqui a
annexé le désert d'Atacama, en vertu du droit de premier
occupant. En se basant sur l'autorité de Garcilaso, et sur
le droit de revendication tel que paraît le comprendre le
Ministre Fierro, c'est à la Bolivie qu'il faudrait reconnaître le droit de revendiquer même toute la partie du
territoire chilien qui est au nord de la rivière Maulli,
laquelle sépare le Chili proprement dit de l'Araucanie,
attendu que les Incas, après en avoir fait la conquête,
l'avaient annexée à la province de Collasuyo qui est
aujourd'hui la Bolivie.

Pour ce qui est de Cieza de Leon, en parlant de Copayapo (aujourd'hui Copiapo), il dit au chapitre V de sa chronique : « C'est à partir d'ici que commence la partie peuplée des provinces du Chili. » Peut-on conclure de là que le désert d'Atacama appartient au Chili ?

Comment se fait-il que le Ministre Fierro, dont les prétentions territoriales paraissent malheureusement s'étendre bien au-delà des preuves que son érudition a pu lui fournir, ne se soit pas souvenu qu'un autre ministre chilien, M. Urmeneta, disait, dans une note du 9 juin 1859, que « le *premier occupant* du désert avait été l'Inca Yupanqui, lequel s'était établi dans la ville d'Atacama-Alta, et avait commandé qu'on lui donnât avis de ce qu'on découvrirait, les explorateurs se succédant de deux lieues en deux lieues, jusqu'à ce qu'on arrivât à la vallée de Copiapo, *premier endroit peuplé du Chili* ? » Cela ne veut-il pas dire que le Chili embrasse réellement la vallée de Copiapó, mais nullement le désert d'Atacama ? Si la question eût dû réellement être décidée d'après les autorités historiques et géographiques, nous verrions que tous les auteurs qui ont parlé du désert d'Atacama, à quelque point de vue que ce soit, l'ont considéré comme territoire bolivien, sans discuter ni même paraître soupçonner qu'il pût y avoir le moindre doute sur ce point. Même l'historien espagnol Torrente, qui, en cette matière ne peut pas être suspect de partialité, parlant de la division que ceux qu'il appelle insurgés avaient faite de l'Amérique (*Hist. de la Révol. Hisp. Amér*. Disc. prélim., page 116), comprend Atacama dans la province bolivienne de Potosi. Cet accord provient de ce qu'Ercilla, un de ceux qui fixèrent les limites pour la conquête en 1578, assigne au sud de la Bolivie le 27° degré de latitude, que la nature a marqué par le

Paposo. Depuis cette date jusqu'à l'époque de l'Indépendance où l'on accepta pour la délimitation de toutes les républiques naissantes ce qu'on appela le *principe de l'UTI POSSIDETIS de 1810*, il est donc naturel que l'on ait considéré le désert d'Atacama comme partie intégrante de la province bolivienne de Potosi, et c'est ce que l'on voit dans les registres de visites pastorales, dans les chroniques officielles, dans les histoires générales et particulières, dans les mémoires administratifs, dans les livres de voyages ou de géographie, dans les almanachs du temps, dans les brevets royaux et autres documents où, pour une raison ou pour un autre, il est question d'Atacama. Si par hasard il se rencontrait quelque témoignage contraire, cela ne prouverait que l'ignorance de celui dont il émanerait. Et c'est pour cela que dans toutes les constitutions du Chili, on a accepté en matière de limites le principe fondamental de 1810, et que dans celle qui est en vigueur aujourd'hui, on lit : « ART. 1er. Le territoire du Chili s'étend *depuis le désert d'Atacama* jusqu'au Cap de Hornos, et depuis les Cordillères des Andes jusqu'à la mer Pacifique, en y comprenant l'archipel de Chiloé, toutes les îles adjacentes et les îles de Juan Fernandez. »

Après de si fortes raisons que le Ministre Fierro semble avoir mises en oubli de propos délibéré, rien n'est plus facile que de réfuter les autres preuves qu'il cherche à faire valoir en faveur de sa thèse. Ainsi, il assure que le Président du Chili, dans un message au Congrès de 1842, informe cette assemblée qu'entre Coquimbo et le Morro de Mejillones, jusqu'au 23° 6', il se trouvait du guano exploitable, d'où il résulte qu'il considérait ce dernier point comme partie du littoral chilien. Cette assertion, outre qu'elle ne s'appuie pas sur l'autorité d'un juge impartial, ne prouve autre chose, sinon que, par faute de connaissance ou par excès de patriotisme, ce fonctionnaire se serait écarté de la vérité.

Un autre raisonnement que nous trouvons dans le Manifeste, est tiré de ce que le général Santa-Cruz, Président de la Bolivie en 1833, dans un message ainsi que dans un décret, a affirmé que l'*unique* port de la Bolivie était Cobija ; d'où l'on devrait conclure, selon M. Fierro, que tout ce qui n'est pas le port de Cobija, c'est-à-dire, tout le désert d'Atacama et la côte méridionale, n'était pas considéré par Santa-Cruz comme territoire bolivien. Ce raisonnement nous paraît aller jusqu'à la puérilité. Le Président de la Bolivie a énoncé évidemment un fait indubitable en disant que l'*unique* port bolivien était Cobija ; mais pouvait-il appeler *port* Mejillones qui n'est qu'une *baie*, et Atacama qui est un *désert?*

On ne comprend pas comment il a pu venir à l'esprit du Ministre chilien de déduire de cette simple qualification d'*unique port* donnée à Cobija par Santa-Cruz, la conséquence que le *littoral au sud du port de Cobija jusqu'au 23°* appartenait au Chili ; d'autant plus que cette qualification avait été donnée à une époque où les baies de Mejillones et d'Antofagasta n'étaient pas même encore peuplées, et s'il en eût été ainsi à cette époque, Santa-Cruz les aurait appelées ports aussi bien que Cobija.

Le Ministre Fierro, qu'importunaient probablement les raisons péremptoires qui prouvent que le Paposo devait être considéré comme la ligne de partage entre la Bolivie et le Chili, fait un raisonnement curieux à ce sujet : « Ainsi donc il est constant, » dit-il, « que la *baie de*

Notre-Dame, connue sous le nom de Paposo, et située sous le 24° 30' de latitude, c'est-à-dire *au centre du désert* (en medio del desierto), était, à la fin du siècle dernier, le *centre du commerce* sur le *littoral* d'Atacama et la résidence de presque tous les habitants de cette région. Le Paposo était donc la *tête* (cabecera) d'un district...... » Comme nous ne comprenons pas ce passage, nous nous dispensons de continuer la citation. Comment la *baie* de Notre-Dame pouvait-elle être située au *centre du désert?* Passe encore, à titre de figure de rhétorique, que tout en étant sur le *littoral*, elle ait été le *centre* du commerce ; mais comment pouvait-elle être la *tête* d'un district et le *centre* du commerce, en même temps que *baie*, tout en étant au centre du désert? Voilà qui défie tout commentaire.

Le Ministre chilien, comme pour épuiser les arguments et *ne laisser place à aucun doute*, mentionne les Ordonnances royales du 3 juin 1801 et du 26 juin 1803, en affirmant, sans même citer les passages qu'il croit lui être favorables, qu'il en résulte que « le Paposo était considéré comme la tête de toute la côte et du désert d'Atacama; et que tout ce territoire était soumis aux autorités de Santiago. »

L'Ordonnance royale du 3 juin 1810, donnée à Aranjuez, signée par D. Jose Antonio Caballero et adressée au Capitaine général du Chili, est ainsi conçue : « Le Roi a daigné approuver les mesures prises par V. S. et par la Junte supérieure de ce royaume *pour réduire à la vie civile et chrétienne les habitants dispersés sur la côte du sud*, du côté du port de Saint-Nicolas, ou de Notre-Dame du Paposo, mesures dont V. S. a rendu compte, avec copie notariée des pièces, par une lettre du

13 mai. » Qu'y a-t-il dans ce document qui autorise les déductions absolues de M. Fierro ? Ce qui en résulte clairement, sans faire violence au sens des mots, c'est que le territoire du côté du Paposo *était en dehors du domaine* de la Capitainerie générale du Chili, et que le Roi approuvait certaines mesures, *non relatives à la juridiction,* mais tendant seulement à *civiliser* et à *christianiser* les habitants dispersés dans ces parages. Il est évident que ni l'Ordonnance royale, ni la consultation qui y avait donné lieu, n'auraient eu d'objet, ni de raison d'être, si c'eût été un fait que la Capitainerie du Chili avait quelque domaine sur le territoire *du côté du Paposo.* Les termes de cette Ordonnance sont d'ailleurs si vagues, qu'à partir de Santiago, tous les territoires du nord du Chili, comme ceux de Coquinbo et de Copiapo se trouvent *du côté du Paposo.* Comment un Ministre d'Etat peut-il présenter à l'appui de sa thèse des documents qui y sont si complètement étrangers? Et surtout qu'y a-t-il dans cette Ordonnance d'où l'on puisse conclure que le Paposo était considéré comme la tête de la côte et du désert d'Atacama? Quant à l'autre Ordonnance royale du 26 juin 1803, signée par le même Antonio Caballero et qui a le même objet, elle donne lieu aux mêmes observations que nous venons de faire ; ainsi nous passons immédiatement au Brevet royal du 10 octobre 1803 que cite également M. Fierro, et dont la date est postérieure de cinq mois à celle de l'Ordonnance en question. Dans ce Brevet, il est ordonné en termes exprès que le Paposo soit incorporé au Pérou. Sur ce point il n'y a pas de discussion. Don Luis Amunátegui, qui est chilien, le déclare lui-même, en disant que *par ce Brevet l'incorporation était faite à la vice-royauté de Lima.* Le

Ministre Fierro l'avoue aussi, mais il a recours à une considération par trop ingénieuse pour l'interpréter en sa faveur, car, sans apporter aucune preuve, il dit : « Mais ce Brevet royal n'a pas eu d'effet, et *il n'a d'autre utilité que d'établir* de la manière la moins équivoque, que cette région avait appartenu à la Capitainerie générale du Chili au temps du régime colonial, et qu'elle a continué depuis à faire partie de la République. »

Il n'y a rien que l'on ne puisse arriver à prouver avec une semblable manière de raisonner. Comment se fait-il que M. Fierro ne nous dise pas *pourquoi* ce Brevet n'a pas eu d'effet ? Peut-être aurait-il voulu une annexion matérielle du désert d'Atacama, comme s'il se fût agi de transvaser un liquide d'un vase dans un autre ? Ce qui est hors de doute, c'est que, les Ordonnances Royales que nous venons de mentionner ayant permis seulement aux autorités chiliennes de *civiliser* et de *christianiser* les habitants dispersés du côté du Paposo, ces autorités ont dépassé leurs pouvoirs en prétendant s'arroger un domaine ou une juridiction territoriale quelconque sur ces régions. C'est précisément ce qui a motivé le Brevet d'incorporation au Pérou, incorporation qui équivalait à dire que la partie revenait à son tout.

Quant à une expédition dans un but d'exploration de Malespina et de Bustamante, et à la carte dressée par eux, dont M. Fierro se fait encore un argument en faveur de sa thèse, l'autorité de ces témoignages disparaîtrait complètement en présence de la quantité innombrable de preuves de même nature, démontrant le contraire, que nous pourrions accumuler, si ce n'était un travail infini de recueillir les titres de tous les ouvrages de voyageurs et d'explorateurs plus ou moins célèbres, qui, comme Jorge Juan et D. Antonio Ulloa, commencent la description du Chili par Copiapo, considérant ce port comme le premier qui appartienne à ce pays en y entrant par le Nord.

La dernière preuve alléguée par le Ministre chilien est le fait des licences accordées par la douane de Valparaiso pour que les navires étrangers exportassent le guano de Mejillones, à quoi il ajoute d'autres actes de juridiction exercés par le Gouvernement du Chili. La réponse à tout cela se trouve dans les observations que nous avons faites au sujet du message du Président du Chili en 1842.

Le Ministre prétend justifier l'usurpation par l'usurpation même. Il ne s'agit pas d'établir l'existence du message présidentiel ni des actes de juridiction allégués par M. Fierro. Ce qui est à prouver, c'est précisément que ces faits soient conformes au droit selon lequel le Chili doit faire valoir ses prétentions territoriales, et c'est à quoi toute l'érudition du Ministre chilien n'a pu arriver et n'arrivera jamais.

La question territoriale une fois établie, passons maintenant à l'examen du *titre de revendication* allégué par M. Fierro pour justifier l'occupation du territoire bolivien. Nous aurions souhaité qu'en interprétant les idées de son Gouvernement et les siennes propres, il eût formulé quelque théorie sur ce *titre*, afin de faire comprendre la justesse de son application au cas présent.

Dans le langage ordinaire, le droit de revendication n'est autre chose que le droit que quelqu'un a de réclamer ce qui lui appartient et qui se trouve injustement au pouvoir d'autrui : Dans le langage juridique, ce mot ne change pas de signification, quoiqu'il ne s'emploie communément que quand il s'agit de biens-fonds. Ce *droit de réclamation* n'implique en aucune manière l'appréhension violente de la chose réclamée, surtout quand la possession en est garantie par le juste titre et par la bonne foi, circonstances qui autorisent le possesseur à se maintenir dans la possession de la chose réclamée, tant que le réclamant n'a pas prouvé le droit de propriété qu'il a sur elle. De ces simples principes de législation universelle, il résulte que celui qui s'emparerait à main armée d'un objet mobilier, en l'arrachant des mains de celui qui le possède avec juste titre, comme par exemple en vertu d'un contrat de vente, et avec bonne foi, serait indubitablement réputé *voleur* jusqu'à ce qu'il justifie de son droit, et en tout cas, il serait considéré et condamné comme coupable d'homicide, de blessures graves ou légères, selon les suites qu'aurait eues la violence. Maintenant si cette appréhension à main armée avait pour objet une propriété immobilière, le fait étant également délictueux, tomberait sous le coup de la loi pénale selon la nature et les suites des violences, et en tout cas le possesseur aurait le droit de se faire réintégrer avant tout dans la possession de la chose, *spoliatus ante omnia restituendus*, et de se faire indemniser complètement du dommage causé.

Si c'est ainsi que se passent les choses entre simples particuliers, les mêmes faits prennent de tout autres proportions quand il s'agit de l'appréhension à main armée du territoire d'une nation par une autre nation. Cette appréhension constitue alors un attentat contre l'autonomie de la nation victime de l'invasion.

Dans le cas présent, la Bolivie possédait avec juste titre et bonne foi les terrains que le Chili lui dispute. C'est ce qui ne saurait être l'objet d'une contestation. Quand même les preuves irréfutables que nous avons données en faveur de ses droits territoriaux n'existeraient pas, il suffirait, pour résoudre ce point, de se rappeler les deux traités de 1866 et de 1874, qui lui assuraient la *propriété absolue*, et par conséquent la *possession* de ces droits. On peut discuter au sujet du juste titre et même de la bonne foi du Gouvernement bolivien en ce qui concerne le droit qu'il a cru avoir de décréter d'abord l'impôt et ensuite la rescision de la transaction conclue en 1873 avec la Compagnie des Salpêtres; mais jamais on ne pourra élever la moindre contestation au sujet de la bonne foi et du juste titre avec lesquels la Bolivie se maintenait dans sa possession territoriale jusqu'au moment où son intégrité a été violée par l'occupation d'Antofagasta.

En présence de ces considérations, on doit reconnaître que le *titre de revendication*, par lequel on a prétendu justifier l'usurpation ordonnée par le Cabinet de Santiago, ne pouvait être plus malheureux, et qu'il prend même un caractère odieux quand on se rappelle que c'est cette même manière fausse de comprendre le droit de revendication, adoptée par le fameux Salazar y Mazarredo, qui a été l'origine des attentats commis sur le Pacifique par l'escadre espagnole, et que, malgré tout, le Gouverment espagnol, jaloux de son honneur dans une question qui n'était que de sens commun, désavoua complètement le *titre de revendication* proclamé par Salazar y Mazarredo; enfin que depuis ce moment, ce personnage, aussi bien que son célèbre *Memorandum*, furent en butte au ridicule et au mépris, comme le seront indubitablement devant l'Amérique tout entière le ministre Fierro et son Manifeste : car le monde n'honore que les hommes honorables, et n'accorde la bonne réputation qu'à celui qui la mérite.

Comment se fait-il que le Gouvernement chilien, qui,

pendant tout le temps qu'il s'est trouvé désarmé, s'est montré si prudent, oublie si vite que Valparaiso a été incendié en vertu de ce fatal principe? Comment les Chiliens pourront-ils écrire l'histoire de leur patrie, et comment qualifieront-ils le bombardement de ce port, après les actes de même nature et même plus odieux encore dont ils viennent de se rendre coupables sur le Pacifique?

Toutefois, il faut être juste : au Chili même, la conduite du Ministre Fierro a été hautement désapprouvée par la partie sensée de la nation, et au sein même du Congrès, il a été l'objet des plus vives attaques au sujet du titre dont il colorait l'occupation d'Antofagasta, et surtout des circonstances aggravantes qui avaient accompagné l'ouverture des hostilités. Selon la Constitution du Chili, la guerre ne pouvait être déclarée sans l'autorisation du Congrès, et le Cabinet de Santiago a mis en oubli cette loi fondamentale. D'après les usages les plus universellement reçus du droit international, en faisant même abstraction des égards auxquels on pouvait s'attendre en vertu de la confraternité américaine, les hostilités doivent être nécessairement précédées de la notification des *causes justificatives,* de l'*ultimatum,* de la *déclaration de guerre ;* or toutes ces formalités ont été remplacées par un simple Ordre ministériel envoyé à l'Amiral de l'escadre, et lui enjoignant de s'emparer d'Antofagasta, comme on eût envoyé à un brigadier de gendarmerie l'ordre d'arrêter un criminel fugitif. Ce déploiement de forces devant une place sans défense donnait d'ailleurs à l'occupation le caractère d'un guet-apens, et tout cela n'a pu échapper à la partie vraiment sensée de la population, de la presse et du Congrès, qui,

tout en se laissant entraîner par le torrent, voyait bien
que c'en était fait de la bonne réputation et de la dignité
de son pays.

—

III

Médiation du Pérou. — Le Chili lui déclare la guerre.

Si telle a été la conduite du Chili à l'égard de la Bolivie, celle qu'il a observée à l'égard du Pérou a-t-elle été
différente ? Le simple exposé des faits mettra à même d'en
juger mieux que tout commentaire.

La prise d'Antofagasta, avec les circonstances odieuses
qui l'ont précédée, accompagnée et suivie, a été considérée unanimement au Pérou comme un malheur d'autant
plus grand, que la confiance dans la sûreté du propre
territoire disparaissait dès que celui d'une république
amie était usurpé d'une manière jusqu'alors sans précédent entre républiques américaines. Le Pérou, plein
d'espérance d'arriver à un heureux accommodement,
dont le résultat serait non-seulement de faire disparaître une guerre qui entre les deux républiques en lutte,
pouvait être appelée fratricide, mais aussi de faire re-
naître la confiance et la sécurité à l'intérieur, fit ce que
son devoir lui imposait, s'empressa franchement et
loyalement d'offrir sa médiation aux belligérants. C'est
dans ce but que le cabinet de Lima envoya des instructions à son Plénipotentiaire à La Paz, qui répondit immédiatement que la Bolivie acceptait la médiation. Quant

au Chili, le Gouvernement du Pérou y députa un Envoyé extraordinaire, dont l'unique mission était de faire en sorte d'arriver à un arrangement amiable, en employant tous les moyens compatibles avec les intérêts mutuels et l'honneur des deux nations.

Le Plénipotentiaire nommé pour cette délicate mission était M. Juan Antonio Lavalle, qui arriva à Valparaiso sous les plus tristes auspices. Par des motifs incompréhensibles que nous essaierons d'éclaircir après avoir fait connaître tous les faits, la guerre au Pérou fut proclamée par l'opinion, par la presse et par le Gouvernement, avec une ardeur qui ne s'était pas manifestée quand il s'agissait de la Bolivie. On apprit qu'il existait un traité secret entre le Pérou et la Bolivie, et sans en connaître les termes ni les obligations qu'il imposait au Pérou, ce traité fut considéré comme fait expressément contre le Chili, et le Gouvernement, aussi bien que le peuple chilien, ne fit pas preuve de la même bonne foi, de la même loyauté et des mêmes bonnes intentions que l'Envoyé péruvien.

Quand M. Lavalle arriva à Valparaiso le 4 mars dernier, une réunion tumultueuse eut aussitôt lieu dans cette ville; et qui sait les insultes dont il aurait été l'objet, si la police ne l'eût protégé en lui procurant les moyens de partir immédiatement pour Santiago?

Alors la réunion populaire acclama la guerre contre le Pérou dans les termes les plus outrageants, et une partie de cette multitude sans frein assaillit le consulat du Pérou, en brisa les portes, mit en pièces l'écusson péruvien, et malheur au consul lui-même s'il se fût trouvé là! De semblables désordres avaient eu lieu précédemment à Antofagasta, où le consul péruvien avait été, de la part des résidents chiliens, l'objet des mêmes outrages. Le désir de conduire les choses à bon terme fit que le Pérou accepta les excuses des autorités au sujet de ces faits, mais la guerre paraissait déjà inévitable, et le succès de la mission de M. Lavalle, sur laquelle à Lima on avait fondé de si ardentes espérances, paraissait chaque jour plus désespéré.

Dans ces circonstances, le Plénipotentiaire chilien résidant à Lima, M. Joaquin Godoy, adressa au Ministre des Affaires Etrangères du Pérou, M. Manuel Irigoyen, la dépêche qu'on va lire, dans laquelle il demande que le Gouvernement péruvien déclare sur-le-champ et d'une manière catégorique, qu'il restera neutre dans la guerre avec la Bolivie. On reconnaîtra facilement que cette demande, faite à brûle-pourpoint, précisément dans le temps où M. Lavalle, Envoyé *ad hoc* pour traiter la question, s'occupait à offrir la médiation amicale du Pérou pour arriver à terminer la contestation par un arrangement honorable, n'était qu'un moyen stratégique pour précipiter les événements, dans le but de mettre le Gouvernement chilien à même de réaliser le plan qu'il avait formé de déclarer le plus tôt possible la guerre au Pérou. Les faits qui suivirent immédiatement le prouvent du reste surabondamment.

En reproduisant intégralement la note de M. Godoy, nous discuterons, au fur et à mesure, tous les griefs qu'il fait valoir contre le Gouvernement et contre le peuple péruvien. Ainsi le lecteur sera à même de reconnaître de plus en plus que cette note n'avait réellement d'autre but que celui que nous venons d'assigner, c'est-à-dire de mettre le Pérou en faute, afin de lui déclarer la guerre, et de sauver les apparences autant que possible, en se conformant aux exigences de la diplomatie.

Lima, 17 mars 1879.

Monsieur,

Les préparatifs de guerre que le gouvernement de Votre Excellence a commencé à faire depuis que le conflit chiléno-bolivien a éclaté, sont connus de tout le monde. L'armée a reçu une augmentation considérable ; elle continue toujours à s'augmenter, et elle s'élève déjà à un chiffre qui surpasse de beaucoup celui qui, en temps de paix, est requis pour le service ordinaire. De plus, une forte division de troupes, bien armée et abondamment pourvue de munitions, s'est rapprochée du territoire qui deviendra probablement le théâtre des combats que les forces boliviennes se disposent à livrer à celles du Chili. Les navires dont se compose la flotte péruvienne se concentrent, s'équipent et font leurs préparatifs, comme pour ouvrir la campagne, en se hâtant d'augmenter leur effectif, de renforcer leur armement, d'embarquer des munitions, des provisions de bouche et du combustible, et en se livrant à des exercices fréquents et non habituels. De nouveaux vaisseaux cuirassés ont été demandés d'urgence à l'Europe pour grossir une flotte qui, durant bien des années de paix internationale, avait été considérée comme suffisamment puissante. On arme les forteresses qui défendent la place du Callao, et sous le feu desquelles l'escadre nationale trouve un abri ; on arme les navires, on y réunit tous les éléments de la défense, hommes et matériaux ; on y déploie une grande activité pour les exercices d'artillerie ; en un mot, on s'y prépare à soutenir la lutte.

Avant de continuer et afin de rendre hommage à la vérité, nous devons dire qu'il nous est bien difficile de croire que le représentant du Chili parle sérieusement quand il récrimine contre le Pérou au sujet de la notoriété de ses préparatifs de guerre. M. Godoy n'est pas assez nouveau dans la diplomatie, pour ignorer qu'en cas de guerre, la neutralité non seulement ne défend pas à la nation neutre de s'armer, mais qu'elle le lui permet et souvent le lui conseille, afin qu'elle soit en état de faire respecter ses propres droits, et qu'elle puisse à son tour offrir d'égales garanties et d'égales sûretés aux Etats belligérants. Ce principe établi par la science internationale et mis en pratique par toutes les nations, est un droit parfait, dont l'exercice dans le cas présent était encore plus impérieusement imposé par la nature spéciale du conflit provoqué par le Chili. En n'agissant pas ainsi, le Gouvernement du Pérou aurait été accusé avec raison d'une négligence coupable.

Quoi qu'il en soit, ces préparatifs n'étaient pas tels que M. Godoy les dépeignait en sonnant l'alarme, et ce qui est certain, c'est que ces mesures ont été prises à la dernière heure à cause de l'attitude hostile non équivoque que le Gouvernement et le peuple chiliens prenaient de plus en plus contre le Pérou. Le Gouvernement péruvien, et spécialement le président Prado, dont les sympathies pour le Chili étaient connues, ne croyaient même pas à la possibilité d'une rupture immédiate avec cette nation, et ils étaient encore bien plus loin de la désirer : ce qui le prouve, c'est la raison concluante que non seulement le Gouvernement n'avait pas fait usage de l'autorisation que le congrès péruvien lui avait donnée quatre ans auparavant d'employer quatre millions de piastres fortes (20,000,000 de francs) à augmenter l'armement de l'armée nationale et la force de l'escadre, mais qu'au contraire il a rappelé d'Europe, dès l'an dernier, le colonel Castanon, qui y avait résidé longtemps avec l'emploi officiel de pourvoir l'armée de tout ce dont elle avait besoin. C'est là une preuve, entre beaucoup d'autres, que la nation péruvienne et son Gouvernement n'avaient nullement conscience du point où seraient poussées les choses. M. Godoy poursuit ainsi :

En présence de tous ces indices d'une attitude belliqueuse non expliquée par l'existence d'aucun péril connu qui menace l'honneur, l'intégrité ou les intérêts de la République, il n'est pas possible de ne pas voir avec méfiance, dans une partie du moins de la population, l'explosion, spontanée ou provoquée, de sentiments d'hostilité contre le Chili, sentiments auxquels la presse péruvienne presque tout entière donne une expression journalière et pleine d'aigreur, enflammant les esprits, excitant les passions et acclamant même ouvertement la guerre ; sentiments auxquels vient de servir de manifestation la réunion populaire qui traversait hier fièrement les rues de la ville pour aller échanger avec la mission bolivienne des paroles d'ardente sympathie pour la Bolivie, de haine et de guerre contre le Chili.

Ce paragraphe donne lieu à des observations toutes semblables à celles que nous venons de faire sur le précédent. Le représentant chilien, qui savait qu'au Pérou, comme au Chili et dans tous les pays républicains, le droit de se réunir publiquement en comices populaires est une des garanties les plus précieuses qu'offre la constitution, aurait dû avoir assez de tact pour ne pas même effleurer la question, alors que les attentats commis par une partie de la population chilienne à Valparaiso et à Antofagasta contre les consuls du Pérou étaient encore tout récents. Il aurait fallu que les Péruviens fussent sourds à la voie du patriotisme et insensibles aux périls de la patrie, pour ne pas se livrer aux manifestations que M. Godoy leur reproche, d'autant plus que ces manifestations ont toujours été contenues dans les limites de l'ordre et de la modération. Ce monsieur aurait eu raison de se plaindre si les Péruviens, cédant au désir d'indignes représailles, avaient assailli sa demeure pour le maltraiter, ou s'ils avaient fait consister leur patriotisme à détruire l'écusson chilien.

Quant à l'attitude de la presse, l'accusation n'est pas plus fondée. La presse chilienne, une fois l'occupation d'Antofagasta consommée, a attaqué de la manière la plus inconvenante et avec la plus extrême acrimonie le Pérou, en lui faisant un crime de ses bons offices, ainsi que la presse péruvienne, qui naturellement avait déployé un zèle enthousiaste de propagande en faveur de la médiation pacifique dans le conflit chiléno–bolivien, bien éloignée qu'elle était de supposer que la nation péruvienne serait si tôt appelée à y jouer un rôle actif comme belligérante.

Cela a donné lieu, comme on devait le prévoir, à des représailles et à des attaques analogues. Toutefois, les journaux de Lima ne sont jamais arrivés à prendre le ton blessant et provocateur qui régnait dans les articles de beaucoup de journaux chiliens. Mais en accordant même qu'il en eût été ainsi, comment peut-on comprendre qu'un homme d'Etat tienne compte des criailleries des gazetiers, en discutant des faits d'où dépendaient l'honneur, les devoirs et les plus chers intérêts de sa patrie elle-même ? Ne voyait-il pas que les représentants péruviens, qui auraient pu élever de semblables plaintes longtemps auparavant, les avaient mises de côté pour n'apporter aucun obstacle à l'idée d'une transaction qui terminât heureusement le conflit ? Le Ministre continue ainsi :

A de si puissants motifs d'inquiétude et d'alarmes pour nous et pour tous ceux qui, au Chili comme au Pérou, consacrons nos efforts les plus sincères au maintien de la paix et de l'inaltérable amitié entre les deux Etats, il est malheureusement encore nécessaire d'en ajouter un autre d'une extrême gravité : c'est la persuasion, qu'aucune personne autorisée n'a encore combattue jusqu'à présent, où sont l'un et l'autre peuple que le Pérou s'est formellement engagé à faire cause commune avec la Bolivie contre le Chili, en vertu d'un pacte secret d'alliance offensive et défensive.

Quand nous reproduirons en son lieu le traité secret d'alliance défensive, *et non offensive*, conclu entre la République du Pérou et celle de la Bolivie, nous aurons occasion de prouver non-seulement que la légalité de ce pacte est à l'abri de toute contestation, mais encore qu'il ne contient pas la plus légère allusion dont le Chili soit en droit de se croire offensé. Revenons à la note :

En présence de cet état de choses, le Chili, qui, dans ses relations internationales, n'a cessé, pendant les longues années qu'il compte d'existence autonomique, de donner des preuves non équivoques de son *amour de la paix ;* qui n'a jamais omis aucun effort à la portée de sa volonté et compatible avec son honneur, pour *conserver une parfaite harmonie avec les autres nations*, et pour gagner les sympathies de celles spécialement qui ont avec lui une origine et peut-être une destinée communes ; qui, si aujourd'hui il a interrompu ses relations d'amitié avec une de ces nations, et s'il est disposé à remettre la solution de la difficulté à la décision des armes, c'est parce que le Gouvernement de la Bolivie l'a réduit à cette extrémité en *rompant témérairement un traité solennel*, en opposant une résistance opiniâtre à tout arrangement à l'amiable, et en ordonnant des procédés arbitraires comme dernière réponse aux avances pacifiques et bienveillantes qui lui ont été faites jusqu'au dernier moment ; le Chili, dont les armées, si par deux fois elles ont franchi les limites de ses frontières, c'est parce qu'elles sont venues sous des drapeaux alliés *verser leur sang pour sauver le Pérou ;* le Chili, dont le zèle pour multiplier et fortifier lés liens d'amitié, d'estime et d'intérêt commun qui le lient à cette République, est aussi sincère que bien prouvé ; le Chili, dis-je, a, pour la sauvegarde de ses droits, des motifs de se préoccuper de la situation que révèlent de concert, tant l'existence non mise en doute d'un traité secret d'alliance avec la Bolivie, que les dispositions hostiles non déguisées d'une partie de la population, et les préparatifs belliqueux faits par le Gouvernement. Il croit à propos, afin de rendre plus nette son action à l'égard du Gouvernement de la Bolivie, de demander sérieusement à V. E., si son Gouvernement a l'intention que lui imposent ses devoirs, de rester neutre en présence des évènements qui ont eu lieu et auront lieu, le Chili défendant par les armes la réoccupation du territoire littoral au sud du 23ᵉ parallèle. Il espère avec confiance que le Gouvernement de V. E., en donnant la preuve qu'au Pérou on n'est pas indifférent à la tradition mutuelle d'amitié avec le Chili, ni aux intérêts mutuels, ni aux lois de la justice, ne se refusera pas à faire une déclaration formelle de sa neutralité, et fera ainsi disparaître tout motif de défiance entre deux peuples appelés à vivre toujours en bonne harmonie.

Dans cette longue tirade sentimentale, qui serait plus à sa place dans un journal que dans un document du caractère de celui que nous analysons maintenant, le diplomate chilien se lance dans une sorte d'apologie lyrique de sa nation.

Le Ministre des Affaires Étrangères du Pérou, dans la note envoyée à M. Lavalle que l'on va lire, en répondant amplement à tous les griefs de M. Godoy qui lui paraissent sérieux, passe par-dessus le paragraphe que nous venons de citer, mais non sans le toucher avec une délicatesse qui ferait honneur au meilleur diplomate. « En parcourant la note de M. Godoy », dit M. Irigoyen, « je ne puis m'abstenir d'appeler l'attention de V. S. sur le ton passionné d'un de ses paragraphes, que je m'abstiens à dessein de qualifier, persuadé que je suis que le Gouvernement du Chili sera le meilleur juge pour le faire. » La nature de la correspondance diplomatique, et d'autre part le désir de ne pas passionner les esprits quand la question de médiation était encore pendante, ont probablement obligé le Ministre péruvien à terminer sa note par les lignes que nous venons de citer, lesquelles se rapportent évidemment au paragraphe qui nous occupe, et dont nous allons analyser les principales idées.

Pour ce qui est d'abord des protestations que M. Godoy fait de l'*amour de la paix* et du *désir de conserver une harmonie parfaite avec les autres nations*, dont le Chili serait animé, elles sont complètement démenties par l'occupation d'Antofagasta, accompagnée des circonstances très graves que nous avons signalées et des actes inqualifiables dont a commencé à être le théâtre le littoral des républiques attaquées, où l'escadre chilienne incendie ou détruit, contre toutes les règles de la guerre, de petits ports sans défense, et cela *sans aucune utilité*, attendu qu'il y a des ports fortifiés, comme le Callao, dans lesquels le bombardement aurait sa raison d'être. Voilà la seule observation qu'il y ait lieu de faire sur ce point, puisque depuis quarante ans le Chili n'a jamais été dans le cas de faire la guerre pour son compte aux autres États, et que c'est la première fois qu'il a une escadre capable d'entrer en lutte avec celle du Pérou. La nation péruvienne qui, pendant plus de quarante ans, a possédé l'unique escadre considérable du Pacifique, peut se vanter d'avoir, dans toutes les occasions de désaccord avec ses voisins, respecté les ports sans défense, et de n'avoir jamais fait parade de sa prépondérance.

Pour ce qui est du reproche fait à la Bolivie *d'avoir rompu un traité solennel,* nous ne pouvons nous dispenser de dire, quelque dure que soit l'expression, que le représentant chilien affirme un fait entièrement contraire à la vérité. Nous l'avons déjà prouvé : celui qui a déclaré le traité rompu, c'est le Plénipotentiaire du Chili à La Paz dans ses notes des 12 et 13 février dernier adressées au Ministre des Affaires Etrangères de la Bolivie, et il nous semble inutile de rien ajouter à ce qui a été dit précédemment sur ce sujet.

Quant aux armées chiliennes qui par deux fois ont passé les frontières sous des drapeaux alliés, *en allant verser leur sang pour sauver le Pérou,* on n'a qu'à ouvrir l'histoire pour reconnaître si ç'a été l'intérêt d'autrui ou son intérêt propre qui a déterminé le Chili à envoyer deux armées expéditionnaires au Pérou.

La première de ces expéditions eût lieu en 1837. Le maréchal Andrés Santa-Cruz, Président de la Bolivie, homme dont ses ennemis eux-mêmes n'ont jamais nié le tact administratif, voulait réaliser la grande pensée d'unir les républiques du Pérou et de la Bolivie, afin de constituer un puissant Etat. C'est dans ce but qu'il envahit le Pérou, et le projet qu'il avait formé devint momentanément un fait (1836). L'idée d'un gouvernement qui s'établissait à l'abri du drapeau des envahisseurs, réveilla alors le patriotisme des Péruviens, qui, dès le premier instant, levèrent l'étendard de la défense nationale. Un grand nombre de Péruviens de haut rang furent obligés par suite d'émigrer au Chili, dont le Gouvernement, indifférent dans le principe, commençait à comprendre que la confédération voisine deviendrait une grande menace pour lui-même. Cette supposition se changea en certitude quand le Gouvernement confédéré introduisit dans les tarifs douaniers le rabais de 20 0/0 en faveur de toute marchandise entrant dans les ports de la nation, pourvu qu'elle fût importée par des navires arrivant directement, sans avoir touché aux ports chiliens. C'était un coup terrible porté au commerce du Chili, et c'est ainsi que le considéra le Gouvernement de ce pays. A cela se joignait l'imputation faite au maréchal Santa-Cruz d'avoir favorisé l'expédition révolutionnaire du général Freire contre le Chili. Tout cela eut pour résultat que le Gouvernement chilien se décida à envoyer contre la confédération une armée qu'il lui fut d'autant plus facile d'organiser, que les chefs et les officiers des différents grades en étaient pour la plupart des émigrés péruviens. Ainsi organisée, l'armée expéditionnaire, sous le commandement du général chilien Blanco Encalada, vint débarquer à Quilca, au sud du Pérou, et quand elle était en marche pour Arequipa, elle se vit surprise, entourée et faite prisonnière par l'armée de Santa-Cruz, sans avoir tiré un coup de fusil. Le général Blanco Encalada se retira au Chili avec son armée, après avoir signé le fameux traité de Paucarpata, en novembre 1837. Ce traité a été qualifié de *honteux* (vergonzoso), et on retrouve cette qualification jusque dans un abrégé de l'Histoire du Chili à l'usage des écoles chiliennes, publié dernièrement à Paris, où l'on peut voir aussi les faits que nous venons de raconter.

Ce premier échec ne fit pas abandonner le projet. L'armée expéditionnaire revint au Pérou sous le commandement du général Manuel Bulnès, et c'est probablement ici la seconde expédition à laquelle M. Godoy fait allusion. L'armée de Bulnès arriva quand déjà une partie du nord de la République se trouvait affranchie de la domination de Santa-Cruz, et sur le point d'avoir un Président provisoire. Ne pouvant débarquer au Callao, et n'ayant été ni demandée ni acceptée par le Gouvernement péruvien, elle effectua son débarquement dans le petit port d'Ancon, au nord du Callao. Bulnès reçut alors du Président provisoire du Pérou l'intimation, renouvelée à plusieurs reprises, d'avoir à se retirer comme il était venu. Afin que l'on ne soit pas tenté de contredire cette assertion, nous allons citer quelques passages de la réponse officielle que le général Bulnès fit à ces intimations, le 11 août 1838.

J'ai reçu la note en date d'hier, dans laquelle le chef de l'Etat-Major général, par ordre de Son Excellence le Président provisoire, me *réitère*, à titre d'*ultimatum*, l'intimation contenue dans sa dépêche d'avant-hier, d'avoir à me rembarquer ou à me retirer à Chancay avec les troupes sous mon commandement. Si l'armée restauratrice a débarqué au petit port d'Ancon, ç'a été parce que...... il était impossible de soupçonner que cela blesserait le moins du monde l'amour-propre d'une administration qui venait de se mettre à la tête de la même cause, et qui devait considérer la nation chilienne, non seulement comme un Etat ami, *mais comme un allié naturel. Il est vrai que les peuples du Pérou n'ont pas sollicité cette alliance*...... Tout ce que je puis et dois faire avec le Gouvernement de Votre Seigneurie, c'est de m'entendre avec lui sur la manière de terminer *une guerre dans laquelle le Pérou proclame son indépendance*, et à laquelle je prends part, non pour m'arroger la garde et la défense du peuple péruvien, *mais pour mettre à l'abri la sécurité du Chili*.

Manuel Bulnès.

Ces passages, outre qu'ils prouvent la vérité des faits, montrent encore plus clairement, et avec l'appui d'une autorité irrécusable, *les vrais motifs* de l'expédition, qui n'avait réellement, de la part du Chili, d'autre caractère que celui d'une entreprise mercantile. Et afin qu'on ne nous accuse pas de partialité, donnons la parole à Vicuña Mackena, un des écrivains chiliens les plus connus, qui, dans le numéro de décembre dernier du *Ferro-Carril* de Santiago, voulant prouver la même thèse que nous venons de soutenir, dit entre autres choses :

Don Diego Portalès, l'unique auteur de cette expédition, a pris *pour base, pour origine, pour principe unique, les aspirations de l'intérêt mercantile*. Depuis 1832, le gouvernement du Chili a doublé les droits sur le sucre du Pérou, et a favorisé le commerce de Valparaiso, au détriment visible de celui d'Arica et du Callao. En même temps il a exigé le remboursement des emprunts faits pour la guerre de l'Indépendance, emprunts qu'il a *fait monter* au chiffre de 12,820,000 piastres fortes. Ne sont-ce pas là des faits certains, et le caractère n'en est-il pas essentiellement mercantile ?

Le passage qu'on vient de lire n'est du reste que le résumé d'un ouvrage publié en 1876 par le même auteur sous le titre de *Causes de la guerre entre le Chili et la Confédération Péruano-Bolivienne*, dans lequel il nous serait facile de puiser de nouveaux arguments en faveur de notre thèse. Ainsi, pour ne faire mention que d'un seul, cet ouvrage nous rappelle qu'une des causes les plus actives de la guerre contre la Confédération a été le refus d'approbation du traité de commerce très-avantageux pour le Chili conclu avec le prédécesseur de Santa-Cruz.

Pour en finir avec le point qui nous occupe, nous ajouterons que les troupes expéditionnaires, unies à celles du Pérou, prirent part à la bataille d'Ancachs, où les armées des deux nations, par leur triomphe sur le maréchal Santa-Cruz, mirent un terme à la confédération Péruano–Bolivienne. Dans l'armée victorieuse, les divisions étaient commandées par les généraux péruviens Cstilla, Vidal, Eléspuru et Torrico, et la plupart des officiers étaient également péruviens, obéissant tous au général Gamarra, Directeur suprême de la guerre. Les troupes de Bulnès retournèrent au Chili, mais non sans que les frais de l'expédition soient restés à la charge du Gouvernement péruvien. De tout cela, il résulte que les soldats chiliens ont loué leurs services sous des chefs péruviens, pour une entreprise dans laquelle, comme l'ont déclaré le même général Bulnès et Vicuna-Mackena, la gloire de la défense nationale était le partage de l'armée péruvienne, et la garde de la sécurité et des intérêts mercantiles de son pays, celui de l'armée chilienne.

Les journaux chiliens, par ignorance de l'histoire ou par manque de loyauté, ont trouvé dans les faits que nous venons de raconter un vaste champ pour dénigrer le Pérou, en le montrant comme un protégé ingrat, et en faisant de la nation chilienne l'héroïne généreuse et désintéressée de cette campagne. Si ces attaques n'étaient pas sorties de la sphère du journalisme, nous les aurions dédaignées ; mais dès que le représentant du Chili fait lui-même usage de pareilles armes, c'était une nécessité pour nous de relever ses erreurs.

Peut-être les allusions de M. Godoy se rapportent-elles à la part que le Chili a prise à la guerre de l'Indépendance, où l'Amérique tout entière luttait contre la puissance espagnole. S'il en est ainsi, nous laissons au lecteur instruit de l'histoire d'Amérique, le soin d'en apprécier la portée.

Pour en revenir à ce diplomate, comment est-il possible de croire que, dans un document qui avait précisément pour but de demander au Pérou sa neutralité, il ait pu donner place à des allusions si déplacées ? Serons-nous réduits à le taxer, comme les gazetiers de son pays, d'ignorance ou de manque de loyauté ?

Enfin la note de M. Godoy se termine ainsi :

Mon Gouvernement m'a donné, pour demander cette déclaration (la déclaration de neutralité) des ordres spéciaux auxquels je dois me conformer fidèlement, ce que je fais en priant Votre Excellence de vouloir bien, entre toutes les affaires qui partagent son attention, donner à la prompte terminaison de celle-ci la préférence que réclame sa nature et qui est nécessaire pour conjurer immédiatement les pernicieux effets de l'inquiétude qui agite les esprits.

Je saisis cette occasion pour réitérer à Votre Excellence l'assurance de la considération très distinguée, avec laquelle j'ai l'honneur d'être, de Votre Excellence, le respectueux et dévoué serviteur.

Joaquin Godoy.

M. Godoy aurait pu se dispenser de tout le fatras de griefs sans valeur et hétérogènes qui précède, et réduire sa note à ce dernier paragraphe, dans lequel il énonce l'objet de sa demande d'une manière claire et concise, comme il convient dans une correspondance de cette nature.

Voici la réponse que le Ministre des Affaires Étrangères du Pérou a faite à la dépêche qui précède :

Lima, le 21 Mars 1879.

Monsieur,

J'ai eu l'honneur de recevoir la note datée du 17 courant,

dans laquelle Votre Excellence, après être entrée en diverses considérations relativement au conflit existant entre le Chili et la Bolivie, termine en demandant, par suite d'ordres spéciaux de son Gouvernement, que le Pérou fasse une déclaration formelle de neutralité en présence des évènements qui ont eu lieu ou qui auront lieu entre les dites Républiques.

Son Excellence le chef de l'Etat, à qui j'ai rendu compte de cette communication, m'ordonne de dire à Votre Excellence que, le Pérou ayant accrédité au Chili une mission spéciale destinée précisément à s'entendre avec le Gouvernement de Votre Excellence sur tousles incidents auxquels a donné lieu et peut donner lieu à l'avenir la situation créée sur le littoral bolivien, et dont le cabinet de Santiago ne lui a encore donné aucune connaissance, les instructions convenables au sujet des points dans lesquels se résume Votre Excellence dans la dépêche dont il s'agit, ont été envoyées au Plénipotentiaire chargé de cette mission.

Je profite de cette occasion pour réitérer à Votre Excellence l'assurance de ma haute considération, et me dire, de Votre Excellence, le respectueux et dévoué serviteur.

Manuel Irigoyen.

Dans la dépêche suivante, que le Ministre des Affaires Étrangères a adressée au Plénipotentiaire du Pérou à Santiago, en même temps que la copie de la note de M. Godoy et de la réponse qui y avait été faite, on trouvera les raisons pour lesquelles le Gouvernement du Pérou a préféré que la question de neutralité soulevée par M. Godoy fût traitée à Santiago entre le Gouvernement du Chili et l'Envoyé *ad hoc* du Pérou. Ce procédé n'avait et ne pouvait avoir en aucun cas la valeur d'une réponse négative à la demande de neutralité, et bien moins encore celle d'un acte d'hostilité de la part du Pérou, qu'ont essayé de lui donner les hommes d'Etat du Chili qui, malheureusement pour tous, ont représenté les intérêts de ce pays dans le moment actuel.

M. Irigoyen, en répondant aux griefs de M. Godoy avec la simplicité et la vigueur auxquelles se prêtait la politique franche et nette du Pérou, s'est montré à la hauteur du rôle qu'elle lui imposait.

Lima, le 22 Mars 1879.

M. J. A. de Lavalle, Ministre plénipotentiaire de la République du Pérou au Chili.

Avec ma note du 19 courant, j'ai envoyé à Votre Seigneurie, celle que M. Godoy m'avait adressée deux jours auparavant, relativement à l'attitude du Pérou en présence du conflit existant entre la Bolivie et le Chili, en ajoutant que le Conseil des Ministres allait délibérer sur la réponse à y faire.

Cette réponse a été en effet envoyée à M. Godoy, le 21, comme vous le verrez par la copie ci-jointe.

Je dirai, avant tout, à Votre Seigneurie, les raisons que le Gouvernement a eues de ne pas donner cette réponse directement au Ministre du Chili. Comme Votre Seigneurie est spécialement accréditée à Santiago pour traiter de tout ce qui concerne la situation créée par l'occupation du littoral bolivien, et qu'on ignore encore ici, ne fût-ce que par manque du temps matériellement nécessaire, les négociations que Votre Seigneurie doit avoir entamées, les données font absolument défaut pour prendre une décision au sujet du point capital de la note de M. Godoy, qui est la demande que le Pérou proclame sa neutralité.

De plus, c'est une règle dans toutes les affaires diplomatiques, et une règle à laquelle la chancellerie chilienne se conforme strictement pour ce qui la regarde, que, quand il survient une discussion entre deux gouvernements, chacun d'eux se serve, pour satisfaire aux observations de l'autre, de ses propres agents diplomatiques, en leur rendant compte des dites observations et en leur envoyant des instructions qui leur

fassent connaître sa manière de penser. C'est à cette règle
générale, justifiée dans le cas présent par le mandat très
spécial qui a été confié à Votre Seigneurie, que le Gouvernement du Pérou s'est conformé dans la direction qu'il a donnée à
la communication de M. Godoy.

En résumant maintenant le contenu de cette communication,
j'observerai qu'elle renferme quatre points : 1° Manifestations de
l'opinion publique ; 2° Préparatifs belliqueux du Pérou ; 3°
Existence d'un traité secret avec la Bolivie ; 4° Proclamation de
la neutralité du Pérou.

Au sujet du premier point, je déclarerai, avant tout, que les
démonstrations que l'opinion publique a cru convenable de faire
en présence du conflit chileno-bolivien, absolument étrangères à
l'action du Gouvernement, n'ont pu ni dû être réprimées par
lui, tant qu'elles se sont maintenues dans les limites que la loi
assigne à la liberté de la presse et au droit de réunion, liberté
et droit dont on a usé au Chili dans ces derniers temps au delà
de toute convenance, sans que le Gouvernement du Pérou se
soit cru autorisé à formuler la moindre plainte. Si la pensée de
M. Godoy était de faire particulièrement allusion à l'intempé-
rance de langage à laquelle ont pu se livrer quelques journaux,
le Gouvernement du Pérou la déplore, comme il se plait à croire
que fait aussi le Gouvernement du Chili au sujet du ton qu'une
grande partie de la presse de ce pays s'est permis de prendre
en parlant du Pérou. Les excès de ce genre doivent être con-
damnés, de quelque part qu'ils viennent, et l'unique moyen de
les voir disparaître, quand ils échappent à la sanction légale,
c'est que chacun s'efforce de donner aux autres l'exemple de la
modération.

Quant aux préparatifs belliqueux que fait ostensiblement le
Gouvernement du Pérou, il ne peut avoir échappé à la sagacité
du Gouvernement du Chili ni à celle de son représentant à
Lima, que nous nous y sommes vus obligés, bien malgré nous,
premièrement pour sauvegarder la paix du territoire de la
République, dans la partie méridionale duquel, peuplée en

grande partie par des Boliviens et des Chiliens, il pourrait à un moment donné, à notre grand préjudice et au préjudice des étrangers, éclater des dissensions que l'état des choses rend malheureusement trop probables ; et en second lieu, parce que le Pérou, dominé par le plus sincère désir d'éviter une lutte désastreuse entre des peuples amis, ne peut, en cas que ses efforts dans ce sens viennent à échouer, être sûr d'y assister comme spectateur impassible, si ses intérêts venaient à y être compromis.

En faisant donc les préparatifs qui ont appelé l'attention de M. Godoy, le Pérou n'a fait qu'obéir aux suggestions de la prudence la plus ordinaire, et du reste il ne fait que suivre en cela la ligne de conduite que toutes les nations tiennent dans les mêmes circonstances.

S'il n'était hors de notre intention de nous livrer à des plaintes ou à des récriminations qui ne paraissent convenables ni d'un côté ni de l'autre, nous pourrions entrer à notre tour, tant sur ce point que sur le premier, dans des considérations sérieuses relativement à l'attitude hostile que révèlent les manifestations faites au Chili contre le Pérou, et surtout relativement aux proportions que le Gouvernement de cette nation a données dans ces dernières années, et donne actuellement à ses armements, proportions certainement bien supérieures, surtout en ce qui concerne la partie maritime, aux exigences d'une campagne contre la Bolivie.

Après les instructions données à Votre Seigneurie dans les notes du 8 et du 19 du présent mois, il n'est pas nécessaire de m'étendre sur la question de l'existence du traité secret avec la Bolivie. Il me suffira d'ajouter qu'avant de répondre à la note de M. Godoy, Son Excellence le général Prado lui a déclaré verbalement et avec la plus grande franchise, quel était le caractère et la portée de ce traité, dont les stipulations n'ont rien d'offensif, ne sont point dirigées contre le Chili, et, bien loin d'exclure, prescrivent expressément une action diplomatique préalable à l'effet d'arriver à une entente par les moyens que fournit le droit international.

D'un autre côté, la nécessité impérieuse pour le Pérou, de conserver avec la Bolivie des relations qui ne puissent facilement être troublées, puisque le commerce, si actif entre les deux pays, et leur tranquillité réciproque, y sont intéressés, a été le motif principal, sinon unique, de ce traité, dont les effets ont répondu à l'objet qu'on avait en vue. C'est en effet grâce à ce lien d'étroite union qu'il a été possible de prévenir ou d'aplanir des difficultés qui autrement auraient été peut-être inévitables.

Il ne me reste plus qu'à parler de la dernière et de la plus importante partie de la note de M. Godoy, celle dans laquelle, par ordre de son Gouvernement, il demande que le Pérou fasse une déclaration formelle de sa neutralité dans le conflit existant avec la Bolivie.

A la date de la communication de M. Godoy, et même encore aujourd'hui, nous ignorons les termes du Manifeste que, selon les annonces de la presse, le Cabinet de Santiago se propose d'adresser aux Cabinets des nations étrangères au sujet de l'occupation du littoral bolivien ; et jusqu'à ce que nous en ayons connaissance, il nous sera impossible de juger quelle est la portée véritable et définitive de cet acte. Quand ce document sera entre nos mains, ce sera le moment de manifester l'opinion que nous devons nous en former, et l'attitude qu'en conséquence il nous appartiendra de prendre.

A ce point de vue, nous devons donc considérer comme prématurée la neutralité que l'on nous demande.

De plus, la ligne de conduite qu'il est à propos de suivre dans une matière aussi grave dépend de deux conditions qu'il n'est pas possible de laisser de côté : 1° l'existence du traité secret avec la Bolivie, dont le Pérou aura à examiner les stipulations relatives au *casus fœderis,* s'il faut renoncer à toute espèce d'arrangement ; et 2° la décision du congrès national qui a été extraordinairement convoqué pour tracer en définitive la ligne de conduite que doit suivre le Gouvernement.

En parcourant la note de M. Godoy, je ne puis m'abstenir d'appeler l'attention de Votre Seigneurie sur le ton passionné d'un de ses paragraphes que je m'abstiens à dessein de qualifier, persuadé que le Gouvernement du Chili sera le meilleur juge pour le faire.

Votre Seigneurie lira cette communication à M. Fierro, en lui en laissant copie, s'il le demande.

Dieu garde Votre Seigneurie.

M. Irigoyen.

Comme on le voit dans cette communication, non seulement on y donne d'amples explications sur les griefs allégués par le Plénipotentiaire chilien, mais la sincérité et l'honnêteté du Gouvernement péruvien dans ses aspirations à une paix également honorable pour les deux parties, s'y révèle clairement. Il y a plus : afin de bannir de l'esprit de M. Godoy toute crainte au sujet du traité secret avec la Bolivie, lequel, précisément par sa nature de *traité secret*, pouvait se prêter à des interprétations défavorables et par là exciter l'inquiétude et la défiance, le Ministre Irigoyen et le Président, général Prado, lui-même, avant d'envoyer la note qu'on vient de lire, appelèrent M. Godoy et lui donnèrent complète connaissance de ce traité, que tous les organes de la presse chilienne affectaient, avec une malignité évidente, de représenter comme hostile au Chili. M. Godoy a dû se convaincre alors, comme se convaincra quiconque lira ce document, qu'ayant un caractère essentiellement *défensif*, il était complètement exempt de la tendance hostile qu'on cherchait à lui attribuer, et qu'il ne renfermait pas la moindre allusion, même indirecte, au Chili.

Toutes les causes que l'on pouvait supposer de nature à influer sur le représentant chilien à Lima, pour lui faire considérer le Pérou comme hostile à son pays, ayant ainsi disparu, la nation péruvienne avait, sinon l'espérance (car du Cabinet de Santiago il y avait peu, ou même rien à espérer), du moins le droit à ce que la médiation pacifique que M. Lavalle offrait au nom d'une nation amie et alliée des deux parties en conflit, eût un résultat tout autre que la déclaration d'une guerre injuste au fond et absolument contraire, dans la forme, aux règles les plus élémentaires du Droit des Gens.

Le représentant du Pérou au Chili, soit dans des conférences avec le Président Pinto et avec le Ministre Fierro, soit dans des conversations particulières avec différents membres influents du Gouvernement, et pendant lesquelles il fut à plusieurs reprises amené à croire à la possibilité d'un arrangement auquel ces hommes d'Etat semblaient se prêter de bonne foi, employa un mois entier à proposer les conditions les plus honorables et même les plus avantageuses pour le Chili, eu égard aux bonnes dispositions de la Bolivie en faveur de la paix.

Les premières bases de l'arrangement proposé, afin de donner lieu à un arbitrage, furent que la Bolivie suspendrait, en donnant même ces actes comme nuls et non avenus, tous les effets de la loi sur l'impôt et du décret de rescision de la transaction de 1873, et que le Chili de son côté évacuerait Antofagasta ; cela revenait à dire que les choses seraient remises dans l'état où elles étaient avant les faits qui avaient donné lieu au désaccord. Le Gouvernement du Pérou s'engageait dès lors à seconder le Chili dans la protection de ses nationaux à Antofagasta, le cas, non probable, étant donné, où après la reprise de possession de ce port par les autorités boliviennes, les résidents chiliens se seraient vus exposés de leur part à des traitements abusifs. De plus, le Pérou s'engageait à obliger la Bolivie à se soumettre à la décision arbitrale, en cas qu'elle ne s'y soumît pas volontairement, et plus tard, à la contraindre à l'accomplissement des obligations que cette décision lui imposerait.

Ces bases ne furent point acceptées. On allégua d'abord qu'après la *revendication* d'Antofagasta, il était indispensable de remettre les choses dans l'état où elles se trouvaient avant le traité de limites de 1866, par lequel le Chili avait *cédé* une partie de son territoire, et de plus que, la revendication étant un fait accompli, la restitution aurait quelque chose de blessant pour la dignité du Chili, ce qui la rendait impossible.

Après avoir fait d'inutiles efforts pour faire accepter ces premières bases, M. Lavalle, reconnaissant qu'au Chili on était déterminé à ne pas céder sur ces points, en proposa d'autres qu'il ne fallut rien de moins que le parti pris et l'inqualifiable politique du Cabinet de Santiago pour faire rejeter. En effet, tenant compte des objections qu'on faisait valoir, il proposa les termes suivants : 1° L'abandon du territoire disputé, lequel serait déclaré indépendant de la Bolivie comme du Chili, jusqu'à ce qu'un arbitre eût décidé à laquelle des deux parties en appartenait la propriété ; 2° l'établissement dans ledit territoire d'un Gouvernement municipal autonome, composé d'hommes élus dans la forme qui serait déterminée d'un commun accord par le Pérou, la Bolivie et le Chili ; 3° le partage par moitié, entre le Chili et la Bolivie, des revenus du fisc pendant la durée de l'arbitrage, déduction faite des frais d'administration.

Quelles autres bases aurait pu offrir l'ami le plus sincère des deux Républiques, et serait-il possible d'en imaginer de plus honorables pour le Chili ? Le Président fit des objections qui n'avaient d'autre objet que de cacher, sous des termes vagues, les desseins différents que l'on avait. Il montra surtout de l'opposition relativement au dernier point. Alors le Plénipotentiaire péruvien proposa d'y substituer la clause que les revenus du fisc fussent mis en dépôt, pour être postérieurement adjugés à la partie à laquelle l'arbitrage donnerait raison.

La question se posait alors sur un terrain extrêmement grave pour le Gouvernement chilien. L'arbitrage n'était pas pour le Chili, comme pour la Bolivie, une garantie de sécurité pour la protection de ses droits ; c'était plutôt une menace de condamnation. Le Cabinet de Santiago spécialement, qui, connaissant à fond la question, avait toute raison de s'attendre à un échec complet, craignait naturellement que le peuple chilien, excité contre le Pérou par l'attitude hostile que ses gouvernants attribuaient à cette nation, et induit en erreur au sujet du droit de *revendication* qui lui appartenait sur un territoire dont on lui avait fait croire qu'il avait été dépossédé, une fois l'erreur dissipée, se voyant trompé dans ses espérances et humilié dans ses prétentions, ne s'érigeât en vengeur terrible de son honneur et de ses intérêts sacrifiés aux intérêts mesquins ou à l'aveuglement de ceux-là mêmes qui auraient dû en être les gardiens.

Il aurait donc fallu une grande noblesse de sentiments, une grande élévation de vues, un dévouement sincère aux vrais intérêts de la patrie, pour accepter les loyales propositions de M. Lavalle. Dans le cas contraire, il était nécessaire de précipiter les évènements. C'est à ce dernier parti qu'on s'arrêta. On avait découvert dans la question du traité secret un prétexte de porter contre le Pérou une accusation terrible, celle de *déloyauté*, d'hostilités à l'égard du Chili, d'*appui secret* donné à la Bolivie et autres griefs que les passions surexcitées acceptèrent sans examen, et c'est ainsi que le peuple chilien s'engagea en un moment d'exaltation dans une voie qu'il aura long-temps à déplorer.

Pour juger en connaissance de cause, voyons avant tout le traité auquel on a cherché à donner tant d'importance.

Le voici :

Les Républiques de la Bolivie et du Pérou, désirant resserrer solennellement les liens qui les unissent, en augmentant par là leur force, et en se garantissant réciproquement certains droits, ont conclu le présent traité d'alliance défensive. A cet effet, le Président de la Bolivie a conféré tous les pouvoirs nécessaires pour cette négociation à Juan de la Cruz Benavente, Envoyé extraordinaire et Ministre Plénipotentiaire au Pérou, et de son côté, le Président du Pérou a conféré les mêmes pouvoirs à José de la Riva-Agücro, Ministre des Affaires Etrangères, lesquels sont convenus des articles suivants :

Art. I. Les hautes parties contractantes s'unissent et se lient pour se garantir mutuellement leur indépendance, leur souveraineté et l'intégrité de leurs territoires respectifs, s'obligeant, dans les termes du présent traité, à se défendre contre toute agression extérieure, soit de la part d'un autre ou de plusieurs autres Etats indépendants, soit de la part de forces sans drapeau, n'obéissant à aucun pouvoir reconnu.

Art. II. L'alliance deviendra effective pour conserver les droits exprimés dans l'article précédent, et spécialement dans les cas d'offense consistant :

1° En actes tendant à priver l'une ou l'autre des hautes parties contractantes d'une portion de son territoire, dans le but de s'en approprier le domaine, ou de le céder à une autre puissance ;

2° En actes tendant à contraindre l'une ou l'autre des hautes parties contractantes à subir un protectorat, une vente ou cession de territoire; ou tendant à établir au-dessus d'elle une supériorité, droit ou prééminence, qui amoindrisse ou gêne l'exercice entier et complet de sa souveraineté et de son indépendance;

3° En actes tendant à détruire ou changer la forme du Gouvernement, la Constitution politique ou les lois que les hautes parties contractantes se sont données ou se donneraient dans l'exercice de leur souveraineté.

Art. III. Les deux parties contractantes reconnaissant *que tout acte légitime d'alliance est basé sur la justice,* chacune d'elles a respectivement le droit de décider si l'offense reçue par l'autre est comprise parmi celles qui sont désignées dans l'article précédent.

Art. IV. Le *casus fœderis* une fois déclaré, les hautes parties contractantes s'engagent réciproquement à cesser immédiatement toute relation avec l'Etat auteur de l'offense; à donner leurs passe-ports aux Ministres diplomatiques de cet Etat; à annuler les patentes des agents consulaires; à prohiber l'importation des produits naturels et industriels de cet Etat; enfin à fermer leurs ports à ses navires.

Art. V. Les mêmes parties nommeront aussi des Plénipotentiaires chargés d'établir, par protocole, les arrangements nécessaires pour déterminer les subsides, les contingents de forces terrestres et maritimes, ou les secours de toute nature qu'elles devront fournir à la République qui a éprouvé l'offense ou l'agression; la manière dont les forces devront opérer et réaliser les secours; enfin toute autre mesure propre à mieux assurer le succès de la défense.

La réunion des Plénipotentiaires aura lieu dans le lieu qui sera désigné par la partie offensée.

Art. VI. Les hautes parties contractantes s'obligent à fournir à celle qui aura subi l'offense ou l'agression, les moyens de défense dont chacune d'elles jugera qu'elle peut disposer, même quand les arrangements prescrits par l'article précédent n'auront pas été établis préalablement, toutes les fois qu'à leur jugement le cas sera urgent.

ART. VII. Le *casus fœderis* une fois déclaré, la partie offensée ne pourra conclure aucun traité de paix ni aucune trêve ou armistice, sans le concours de son allié qui aura pris part à la guerre.

ART. VIII. Les hautes parties contractantes s'obligent également :

1° A employer de préférence, toutes les fois qu'il sera possible, tous les moyens de conciliation pour éviter la rupture, ou pour terminer la guerre quand la rupture a eu lieu, et parmi ces moyens elles mettront en première ligne, comme le plus efficace, l'arbitrage d'une tierce puissance ;

2° A n'accorder à aucune nation ou gouvernement, et à n'en accepter aucun protectorat ou supériorité qui puisse porter atteinte à leur indépendance ou à leur souveraineté, et à ne céder à aucune nation ou gouvernement, et à n'aliéner en faveur d'aucune, une partie quelconque de leurs territoires, excepté dans le cas d'une meilleure démarcation des frontières.

3° A ne conclure aucun traité au sujet des frontières ou d'autres arrangements territoriaux, sans que l'autre partie contractante en ait eu préalablement connaissance.

ART. IX. Les stipulations du présent traité ne s'étendent pas aux actes pratiqués par les partis politiques ou provenant de commotions intérieures indépendantes de toute intervention des gouvernements étrangers ; attendu que le présent traité d'alliance ayant pour objet principal la garantie réciproque des droits souverains des deux nations, aucune de ses clauses ne doit être interprétée d'une manière qui serait en opposition avec sa fin primordiale.

ART. X. Les hautes parties contractantes solliciteront séparément ou collectivement, quand par un accord postérieur elles l'auront déclaré opportun, l'adhésion d'un autre ou de plusieurs autres Etats américains au présent traité d'alliance défensive.

ART. XI. Le présent traité sera échangé à Lima ou à La Paz,

aussitôt qu'il aura obtenu sa perfection constitutionnelle, et il entrera en pleine vigueur vingt jours après l'échange. La durée en sera pour un temps indéfini, chacune des parties se réservant le droit d'y mettre un terme quand elle le jugera à propos. En ce cas, elle notifiera sa résolution à l'autre partie, et le traité restera sans effet quarante mois après la date de la notification.

En foi de quoi, les Plénipotentiaires respectifs ont signé le présent traité par duplicata et l'ont revêtu de leurs sceaux particuliers.

Fait à Lima le 6 février 1873.

Juan de la Cruz Benavente.
J. de la Riva-Agüero.

Article additionnel. Le présent traité *d'alliance défensive* entre la Bolivie et le Pérou sera conservé secret, tant que les deux hautes parties contractantes, d'un commun accord, n'auront pas jugé nécessaire de le publier.

Benavente.
Riva-Agüero.

La simple lecture de ce traité suffit pour mettre en évidence les points suivants : 1° Qu'étant *défensif* par sa nature, il ne pouvait être considéré par aucune nation comme une offense ; 2° que les termes généraux du traité ne renfermant pas la moindre allusion à l'agression qu'il s'agissait de prévenir, et ne contenant rien qui pût faire soupçonner même quel adversaire il s'agissait de combattre, ne pouvaient fournir au Chili le moindre motif de se croire l'objet direct du traité ; 3° que l'Art. III détruisait, pour ainsi dire, toute la force de l'alliance, chacune des parties ayant le droit de reconnaître ou de ne pas reconnaître la justice de la cause défendue par l'autre, et c'est là d'ailleurs une circonstance qui atteste l'esprit

élevé dont les parties contractantes étaient animées, et
enlève au pacte le caractère odieux de servilisme ; 4° que
le § 1 de l'Art. VIII est une confirmation de ce que nous
venons de dire : on doit, pour éviter la guerre, employer
tous les moyens possibles, et de préférence l'arbitrage.

Une fois que l'on connaît le traité, comment peut-on
encore croire à la bonne foi de ceux qui l'ont accusé
d'être offensif et déloyal, et qui ont prétendu que cette
offense et cette déloyauté étaient dirigées contre le Chili,
qui n'y est nommé ni indiqué en aucune manière. Si la
crainte que le Chili ne vînt un jour à envahir le territoire
de l'une des parties contractantes était entrée dans l'esprit des Gouvernements du Pérou et de la Bolivie, n'ont-
ils pas fait preuve d'une grande prévision et d'une
extrême sagesse en concluant ce traité sans s'écarter le
moins du monde des limites de la justice, de l'honneur
et de la modération qui ressortent aujourd'hui plus que
jamais des termes si honorables dans lesquels il est conçu?
Si le Gouvernement chilien a pu croire que D. Manuel
Pardo, alors Président du Pérou, qui passait pour peu
favorable au Chili, avait en vue ce pays en concluant
cette négociation, ce motif de crainte ne disparaît-il pas
aujourd'hui, précisément par la raison contraire, qui est
que le Président actuel du Pérou était un des partisans
les plus zélés du Chili ?

Il n'y a pas deux réponses à ces questions : la conduite
du Pérou en a été dès le premier moment la démonstra-
tion pratique, et si le Chili avait réellement quelques
craintes au sujet du traité, ces craintes étaient sans le
moindre fondement. Nous pouvons en donner encore une
preuve convaincante : aussitôt après l'occupation d'Antofagasta, la Bolivie s'empressa d'accréditer auprès du

Gouvernement de Lima un envoyé spécialement autorisé
à réclamer la réalisation de l'alliance. L'homme que l'on
chargea de cette délicate mission fut le Ministre de la
Justice et du Culte lui-même, M. Serapio Reyès Ortiz,
qui, reçu par le Gouvernement péruvien le 19 février
dernier, exposa de suite l'objet de sa mission ; mais le
Ministre des Affaires Etrangères du Pérou lui déclara,
au nom de tout le Conseil des Ministres, et au nom du
Président de la République, qu'il était impossible d'entrer aucunement dans ces négociations, parce qu'on s'occupait précisément d'envoyer une mission spéciale au
Gouvernement de Santiago pour lui offrir la médiation
du Pérou, et que, tant que l'on n'aurait pas perdu les
espérances fondées que l'on avait d'arriver à une solution
amiable et honorable pour toutes les parties, il ne pouvait
être soulevé aucune question relative au traité. Le Représentant de la Bolivie demandait alors au Pérou, sans
préjudice, disait-il, de la neutralité, le droit pour son
Gouvernement de faire passer les troupes boliviennes sur
le territoire péruvien ; mais on lui donna, comme il est
constant d'après les documents officiels, une réponse
négative fondée sur les mêmes motifs. M. Reyès Ortiz
ne put repousser les raisons qui accompagnèrent ces
réponses catégoriques, et comme il n'était pas lui-
même sans fonder quelques espérances sur les démarches
du Pérou à Santiago, il s'abstint de toucher la question,
jusqu'à ce que le *casus fœderis* qui aurait dû être résolu
par le Pérou, fut imposé par le Chili, en conséquence de
la déclaration de guerre faite *ex abrupto*.

Après cette longue parenthèse, qui était indispensable
pour mieux comprendre la conduite du Cabinet de Santiago à l'égard de l'Envoyé *ad hoc* du Pérou, revenons

à ce diplomate. Croyant la cause de la médiation gagnée en théorie depuis les dernières propositions d'arrangement que connaît le lecteur, il commençait à nourrir quelques espérances, lorsqu'il fut douloureusement surpris par la conduite du Ministre chilien à Lima, lequel fit, pour ainsi dire, *sommation* au Pérou d'avoir à faire immédiatement une déclaration de neutralité, ainsi que nous l'avons expliqué en commentant la note de M. Godoy.

Cette démarche était évidemment autorisée par le Gouvernement chilien, et M. Lavalle ne tarda pas à remarquer lui-même le changement qui s'était produit dans les dispositions des mêmes personnes qui auparavant lui avaient fait des protestations de leur penchant pour la paix et de leur désir de terminer pacifiquement et honorablement une guerre qui de toutes manières serait un scandale pour l'Amérique tout entière.

Le Plénipotentiaire péruvien reçut à son tour la notification définitive qu'il n'y aurait plus lieu à aucunes négociations, à moins que le Pérou ne se déclarât entièrement neutre, et cela sans qu'aucune condition fût imposée au Chili ; de plus, on lui adressait de nouveau une interpellation très-vive au sujet de la nature du traité avec la Bolivie. M. Lavalle répondit que sa mission ayant exclusivement pour objet d'offrir la médiation du Pérou, il n'avait pas reçu d'instructions au sujet des questions qui lui étaient adressées, mais il promit de consulter à Lima par le télégraphe, afin que tous sussent à quoi s'en tenir. Toutefois, avec la loyauté que le cas exigeait, il ne vit pas d'inconvénient à manifester son opinion, qui était que le Gouvernement péruvien n'accepterait pas la neutralité avec de telles conditions, et en cela M. Lavalle ne se trompait pas. Une neutralité exigée sur le ton de la ménace tant à Lima qu'à Santiago, neutralité qui aurait fait du Pérou à l'égard de la Bolivie un allié déloyal, et qui enfin aurait constitué le Pérou lui-même dans un état d'alarmes continuelles, vu l'attitude menaçante du Chili, une telle neutralité n'était ni honorable, ni par conséquent possible.

Quant au traité secret, il était resté presque oublié depuis 1873, époque où il avait été conclu, et M. Lavalle lui-même, qui avait été membre du Sénat pendant les législatures de 1874, 1876 et 1878, n'en avait pas eu connaissance; mais le caractère odieux que les hommes qui dirigeaient la politique du Chili persistaient à lui donner, n'avait plus d'excuse depuis que M. Godoy avait reçu communication du traité, et surtout depuis que M. Lavalle lui-même, d'après les nouvelles instructions qu'il avait reçues, *en avait donné lecture* au Ministre des Affaires Étrangères du Chili, sur une copie qui lui en avait été envoyée de Lima à cet effet.

Pour tenter encore un dernier moyen, M. Lavalle proposa alors que M. Santa Maria, qui était membre du Conseil d'Etat et ami du Président Pinto, et une des personnes qui avaient paru montrer le plus de zèle pour la paix, se rendît à Lima en qualité d'Envoyé *ad hoc* et avec de pleins pouvoirs : car, pensait-il, comme il y avait aussi dans cette capitale un Envoyé de la Bolivie muni des mêmes pouvoirs, il ne devait pas leur être difficile d'entrer en négociations sur la base que le Chili resterait, pendant l'arbitrage, en possession d'Antofagasta, comme le voulait le Cabinet chilien, ou de faire d'autres arrangements au sujet de la question principale, *moyennant indemnités et concessions mutuelles* entre le Chili et la Bolivie, indemnités et concessions dont il avait déjà été parlé dans les entrevues confidentielles avec le Cabinet de Santiago, et sur lesquelles on arriverait probablement à s'entendre, grâce aux bons offices du Pérou et à la bonne foi des deux Républiques en conflit, également désireuses d'arriver à un arrangement juste et pacifique.

Ce parti ne pouvait être repoussé sur le terrain de la discussion, et il ne le fut pas en effet : car M. Santa Maria en tomba d'accord et déclara qu'il était presque certain que le Président Pinto accepterait cette idée. Quoique les bons offices de M. Santa Maria n'eussent qu'un caractère privé, la circonstance qu'ils étaient autorisés par le Président Pinto fit que M. Lavalle en donna connaissance immédiatement à son Gouvernement, en considérant la mission de M. Santa Maria comme un fait certain. Mais dans le temps même où le Gouvernement péruvien répondait avec une vraie satisfaction que M. Santa Maria recevrait le meilleur accueil, et où M. Lavalle croyait que ce projet allait se réaliser, les mêmes hommes qui avaient paru l'embrasser avec enthousiasme le répudiaient par des motifs sans valeur, dont la bonne foi et les arguments du Plénipotentiaire péruvien fit d'abord justice. Il y eut même encore d'autres plans, entre autres celui qui fut proposé par M. Lastarria. Ces plans furent acceptés par le représentant du Pérou, mais malheureusement ils rencontrèrent dans la politique bien arrêtée du Cabinet et du Gouvernement une résistance insurmontable.

La question ne pouvait plus se prolonger. Les vrais instigateurs de cette politique s'étaient trop avancés dans le chemin de l'erreur, pour pouvoir revenir tout à coup sur leurs pas. L'opinion publique, flattée par la facile possession d'un territoire que, peut-être de bonne foi, elle croyait appartenir au Chili, et irritée contre le Pérou, qui en définitive n'aurait pas permis une spoliation qui le mettait à la veille de dangers de même nature, acclamait la guerre ; et le Gouvernement, qui avait provoqué le conflit extérieur afin de conserver à l'intérieur un pouvoir qu'il se sentait incapable de maintenir, était, dans l'état d'exaltation où se trouvaient les esprits, plus incapable encore de défendre, avec la paix, les vrais intérêts et la bonne réputation que le Chili devait précisément à tant d'années d'existence pacifique.

Le 1ᵉʳ avril, le Président Pinto demanda l'autorisation du Conseil d'Etat à l'effet de présenter au Congrès le projet de loi pour déclarer la guerre au Pérou. Le 3, la loi fut portée, et le 4 eut lieu la déclaration de guerre. En même temps, M. Godoy, qui avait constamment sonné l'alarme, déclarait à Lima, le 3 avril, sa mission terminée et demandait ses passe-ports, et le même jour, le Gouvernement chilien envoyait les siens à M. Lavalle qui partit immédiatement.

C'est ainsi qu'en repoussant une médiation qui offrait de jeter du jour sur les droits respectifs des parties en conflit, et de sauver la paix pour le bien de chacune d'elles, le Chili préféra se jeter dans une guerre qui sera également funeste à toutes.

Il suffit de lire avec calme et sang-froid le Mémorandum qui fut publié le 5 avril dans le Journal officiel de Santiago, pour reconnaître que de tous les motifs allégués pour justifier cette déclaration de guerre, il n'y en a pas un seul qui soit fondé.

Signalons-en quelques points, afin que l'on voie qu'ils

prouvent bien plutôt la malice de l'auteur du Mémorandum que les principes qu'il s'agit d'établir :

Le Gouvernement du Pérou était convaincu qu'il ne devait pas se départir de la neutralité, et c'était en effet *sa volonté sincère,* si les suggestions *pacifiques* qu'il avait déjà faites et qu'il *réitérait* encore indirectement auprès des Gouvernements en conflit, n'avaient pas d'effet. Mais il était facile de découvrir au fond d'une telle détermination *la crainte vague* qui tourmentait l'esprit des hommes de ce Gouvernement et surtout de son chef, qu'il ne vînt à surgir des complications et des difficultés qu'aucune volonté ne pût dominer et qui pouvaient éventuellement compromettre le Pérou.

Comment donc peut-on soutenir sur le terrain, non seulement du droit, mais du sens commun, que la *volonté sincère et réitérée* avec laquelle les suggestions pacifiques étaient offertes, pût devenir un sujet d'accusation contre le Pérou, aussi bien que la *crainte vague,* laquelle, en réalité, n'était pas vague, mais très-réelle et motivée sur la politique équivoque du Chili?

Relativement au traité secret, qui a été le cheval de bataille du Chili pour justifier la guerre, on lit dans le *Mémorandum* les passages suivants :

Le traité par lequel on a employé la *trahison* pour abuser de notre simplicité et de notre bonne foi et rompre une alliance scellée il y a bien des années dans des vues de haut intérêt américain, a été l'œuvre du Pérou.

On n'a pas même essayé de le justifier aux yeux du Chili en lui transmettant franchement une copie du texte entier.

Une des clauses du traité imposait le secret, et le Gouvernement du Pérou a été le premier à observer cette clause à l'égard du Chili, en gardant la réserve la plus absolue.

Il a annoncé à la vérité qu'il avait envoyé à M. Lavalle une copie du traité, et il a insinué de nouveau la prétention que son Envoyé prolongeât ici les négociations, pendant que là-bas on continuait, malgré la promesse de les suspendre, les préparatifs de guerre.

Il n'est pas facile de concevoir comment on a pu oublier les convenances qui doivent être observées dans un document tel que celui qui nous occupe, au point de le convertir en un libelle diffamatoire et calomnieux. Comment, après avoir eu connaissance du traité défensif, peut-on accuser de *trahison* la nation qui, dans l'exercice d'un droit parfait, et sans violer les droits des autres, a conclu ce traité ? Et comment oublie-t-on, dans le Mémorandum, que le Chili était tout aussi bien lié à la Bolivie que le Pérou, et que s'il y avait lieu d'appliquer avec justesse à une nation l'épithète odieuse de *traître*, ce n'était pas à celle qui, avec *une volonté sincère et réitérée*, offrait ses bons offices, mais à celle qui, oubliant les liens sacrés qui l'unissaient à la Bolivie, s'armait du poignard et devenait le spoliateur à main armée du sol bolivien.

Quant au secret qui dans le principe fut religieusement gardé par respect pour la clause additionnelle du traité, tout prétexte de récrimination à ce sujet n'a-t-il pas été exclu du moment que ce secret a été rompu dès que l'on s'est aperçu que les craintes non fondées, mais cependant excusables, du Chili, pouvaient donner lieu à des interprétations défavorables et contraires à la paix ? Et comment croire encore à l'importance de ces récriminations et à la bonne foi de ceux qui en sont les auteurs, quand, quelques lignes plus loin, on lit ce qui suit dans le même document ?

Le 31 mars, l'Envoyé péruvien *a lu* à notre Ministre des

Affaires Etrangères une copie du traité secret par lequel le Pérou s'est rendu gratuitement notre ennemi caché.

Le Ministre des Affaires Etrangères a demandé en vain qu'on lui donnât copie de ce document. L'Envoyé péruvien a refusé d'accéder à la demande, donnant pour raison que le traité ne pouvait être rendu public sans le consentement préalable du Gouvernement de l'un et de l'autre Etat, et que c'était pour cela qu'il avait été tenu secret à l'égard du Chili et à l'égard du *négociateur péruvien lui-même.*

L'offense que l'on veut faire ressortir du refus de laisser copie du traité, est la plus puérile des récriminations, après les raisons très-valables qui, d'après le *Mémorandum* lui-même, ont été données pour motiver ce refus, et après tout ce que nous avons fait observer en examinant ce traité.

Il n'y a donc, dans tout le *Mémorandum,* absolument rien qui puisse être regardé comme une accusation fondée contre le Pérou, et la plus grande partie de ce document est consacrée à la question avec la Bolivie, ou bien à des déclamations emphatiques contre les deux nations. Parmi ces déclamations, nous ne pouvons laisser de côté le passage relatif au reproche de mercantilisme fait au Chili et dont le *Mémorandum* se défend avec feu.

Voici ce passage :

On accuse notre politique d'être intéressée et mercantile, et on a même prétendu rabaisser un droit sans lequel notre indépendance et notre souveraineté ne seraient plus que des mots, à la condition d'une affaire d'intérêt privé, dont les intéressés ont réussi à s'imposer au pays et à son Gouvernement...

Et pourquoi le Chili cacherait-il la certitude qu'il a que, dans la question actuelle, l'étendard qu'il porte est le même qu'ont déployé les trois grandes révolutions qui ont transformé le monde et détourné depuis trois siècles le cours et le génie même de l'histoire ?

Après avoir rappelé, à l'appui de cette apologie du mercantilisme, la révolution anglaise de 1688, la révolution de l'Amérique du Nord de 1774 et la révolution française de 1793, lesquelles, selon le Mémorandum, n'ont eu d'autre inspiration que l'esprit mercantile, cet écrit poursuit en des termes que nous recommandons à l'attention du lecteur.

Quel autre droit nos pères, les glorieux fondateurs de cette Amérique libre et indépendante, ont-ils revendiqué par leur parole, par leur sang et par leur vie, sinon ce droit que le Chili défend aujourd'hui, la liberté de la production, la liberté des échanges ? Ils avaient des vignes, et ils ne pouvaient les cultiver ; ils avaient du blé, et ils ne pouvaient le semer ; ils avaient en abondance le coton, l'indigo, le chanvre, et il leur était défendu de tisser des étoffes et de les teindre. Quel autre motif, sinon de s'assurer le droit libre du travail, qui est le droit à la vie, ont-ils eu pour se soulever contre l'Espagne et briser sur la tête de la perfide marâtre les chaînes dont ils avaient dégagé la leur ?

Ce passage ne mérite pas de commentaires. Laissons donc à la philosophie de l'histoire le soin de juger du caractère mercantile de ces grandes convulsions ; laissons aux historiens français le soin de juger si la grande révolution qui a proclamé les droits de l'homme n'a eu d'autres inspirations que des vues mercantiles ; laissons enfin aux Américains, aux fils des nobles héros de l'Indépendance, la tâche d'apprendre ce que peut-être ils ignoraient, que la grande guerre dans laquelle le sang de leurs pères a coulé sur mille champs de bataille, n'a eu d'autre mobile que celui du mercantilisme ; mais un point que nous ne laisserons pas passer sans le démentir, attendu qu'il se rapporte directement à notre sujet, c'est que cette ardente propagande mercantiliste du Mémorandum, qui ne ferait certainement pas honneur, même aux colonnes du plus triste des journaux de l'Amérique, n'a pas de raison d'être ni la moindre application au cas présent.

Quiconque, ignorant les causes réelles de la guerre que le Chili a déclarée, lira les conclusions passionnées que nous venons de citer, demeurera indubitablement persuadé que la Bolivie et le Pérou auraient offensé la souveraineté et les intérêts chiliens, en attaquant la liberté du travail, l'indépendance de la production agricole et enfin les autres intérêts commerciaux ou industriels de la nation chilienne. Rien de plus faux que cette assertion. Il ne s'agit et il ne s'est jamais agi, ainsi qu'on peut le voir dans les documents officiels concernant le conflit, ni de la *liberté du commerce*, ni de la *liberté de l'industrie*, ni des *vignes*, ni du *blé*, ni du *coton*, ni des *cuivres*, ni des *tissus*, enfin de rien qui ait un rapport quelconque avec les produits de l'agriculture ou avec ceux de l'industrie de la nation chilienne ; il ne s'agit pas même des intérêts blessés des colons chiliens résidant à Antofagasta et à Caracolès, qui, ainsi que nous l'avons fait voir, n'ont rien à faire avec la question des 50 centimes ; il s'agit d'un impôt décrété à titre de *condition* dans une transaction bilatérale entre la Bolivie et une Compagnie *anonyme* dont les actionnaires sont *en partie* chiliens, impôt par conséquent qui n'affecte que cette compagnie, laquelle ne porte même pas le nom de *Compagnie chilienne*. Comment peut-on donc, à supposer même que la conduite de la Bolivie ait été réellement injuste à l'égard de la Compagnie des Salpêtres, et qu'elle ait porté atteinte à ses droits, comment peut-on, dis-je, sans blesser le respect dû à la vérité et au sens commun, confondre les grands intérêts qui étaient en question dans ces convulsions sociales qui ont agité le monde, avec les intérêts privés des associés chiliens de la Compagnie anonyme ? Nous en appelons au jugement même des Chiliens d'un esprit élevé et d'un caractère honnête et loyal : qu'ils nous disent s'ils peuvent en aucun cas confondre les vrais intérêts du Chili avec les intérêts mesquins de quatre marchands, qui exploitant, loin du centre de leur patrie, les trésors d'un territoire étranger, ne craignent pas de tout bouleverser, pour se soustraire, dans leur avidité, à la nécessité de payer une légère obole à la nation qui les enrichit : qu'ils nous disent s'il est possible de mettre en balance avec les griefs, sérieux ou non, de ces marchands, le sang précieux et les grands capitaux, fruit du travail et de l'épargne de longues années, que cette guerre inégale et d'un résultat douteux coûtera au Chili.

Le Mémorandum qui renferme de telles énormités, ainsi que le Manifeste contre la Bolivie que nous avons analysé, sont les pages les plus tristes de l'histoire du Chili depuis l'Indépendance, d'autant plus tristes qu'elles ont un caractère officiel.

Nous n'essaierons pas de déterminer jusqu'à quel point le peuple chilien est responsable des actes coupables de son Gouvernement, dans lesquels, avant comme après la déclaration de guerre, on ne trouve pas le moindre respect de la justice ni de l'honneur. Nous ne nous abaisserons jamais au rôle de détracteurs d'une nation, surtout d'une nation américaine. Nous laissons à l'histoire cette triste tâche : l'histoire a ses enseignements, ses récompenses et ses châtiments, et, sans jamais faire peser sur une nation entière les fautes des individus, elle ne laisse pas de flétrir et de châtier sévèrement les crimes des peuples.

9 782019 987220